Inhalt

Seite

Alle Stationen 4

Vorwort 5

Laufzettel zu den Stationen 6

Unsere Erde 7

Europa 27

Afrika 37

Asien 45

Nordamerika 55

Südamerika 63

Australien-Ozeanien 71

Antarktis 77

KOHL VERLAG Kontinente an Stationen Grundschule – Bestell-Nr. 12 325

Inhalt – Stationen

Kapitel	Stationenname	Niveau	Seite
1	**Unsere Erde**		
	So entstand die Erde	!	7
	Die Entstehung der Kontinente	⊙	9
	Die Himmelsrichtungen	⊙	11
	Das Gradnetz unserer Erde	!	13
	Die sieben Erdteile	⊙	15
	Die Größe der Kontinente	!	17
	Die großen Ozeane unserer Erde	!	19
	Das Klima	★	21
	Die Klimazonen der Kontinente	⊙	23
	Die Bevölkerung	!	25
2	**Europa**		
	Europa und die Europäische Union	⊙	27
	Europas Länder – Einteilung	★	29
	Europas große Städte	!	31
	Große Flüsse in Europa	!	33
	Die Alpen	★	35
3	**Afrika**		
	Afrika – Überblick	⊙	37
	Die Landschaften Afrikas	⊙	39
	Die Menschen in Afrika	★	41
	Die Tierwelt Afrikas	⊙	43
4	**Asien**		
	Asien – Überblick	⊙	45
	Klima, Tiere und Pflanzen	⊙	47
	Asiens berühmteste Sehenswürdigkeiten	!	49
	Russland und China	★	51
	Indien und Japan	★	53
5	**Nordamerika**		
	Was gehört zum Kontinent?	⊙	55
	Bekannte Orte – Wo liegt was?	!	57
	Weltmacht USA	★	59
	Tiere in Nordamerika	⊙	61
6	**Südamerika**		
	Südamerika – Überblick und Staaten	⊙	63
	Der Regenwald am Amazonas	!	65
	Interessante Orte in Südamerika	★	67
	Die Tierwelt Südamerikas	⊙	69

Grundschule

Gabriela Rosenwald

Kontinente an Stationen

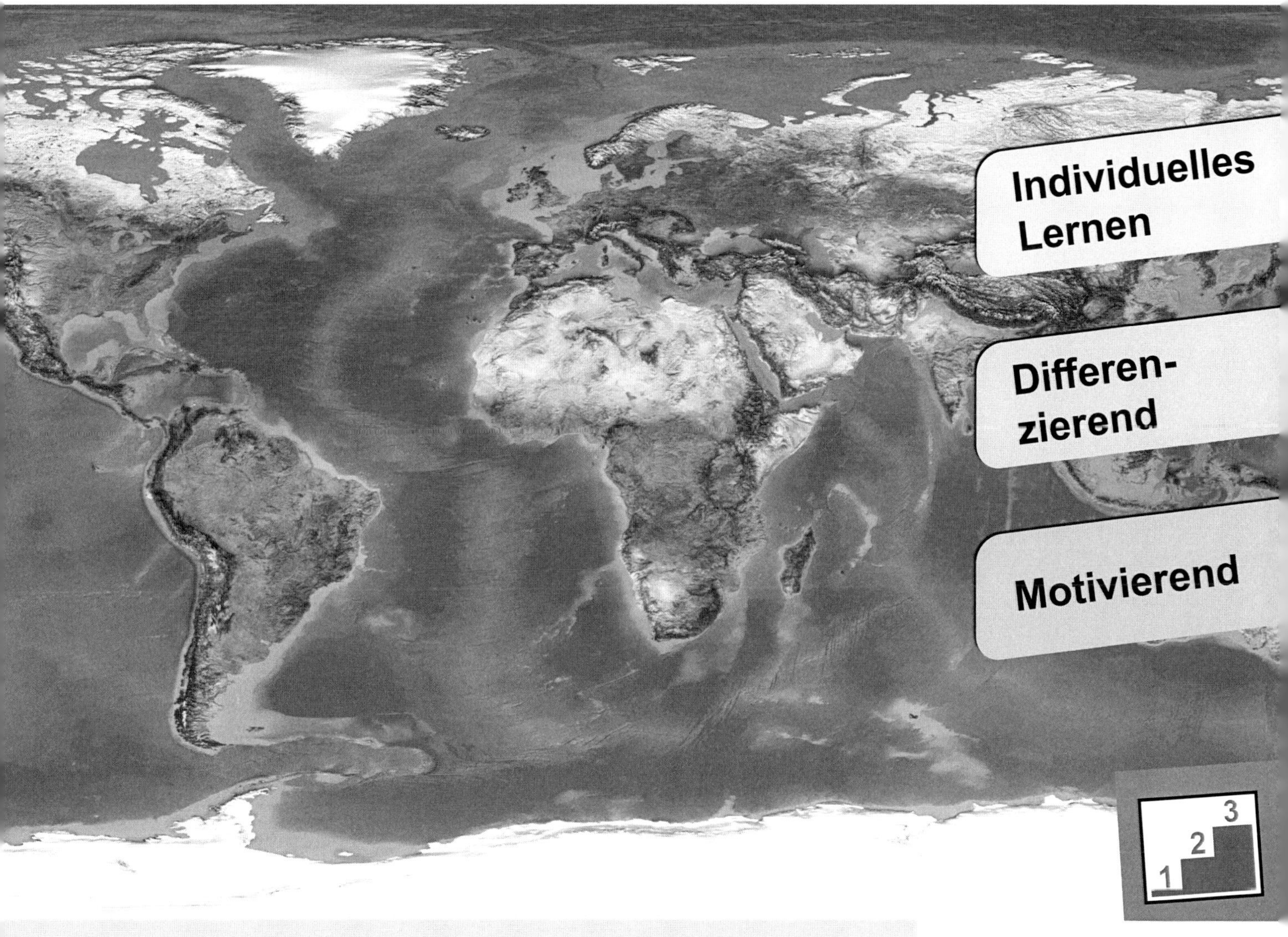

Individuelles Lernen

Differenzierend

Motivierend

- Übersichtliche Aufgabenkarten
- Schnelle Vorbereitung
- Mit Lösungen zur Selbstkontrolle

www.kohlverlag.de

Kontinente an Stationen

Grundschule

3. Auflage 2024

Inhalt: Gabriela Rosenwald
Coverbild: © ExQuisine - fotolia.com
Redaktion: Kohl-Verlag
Grafik & Satz: Kohl-Verlag
Druck: farbo prepress GmbH, Köln

Bestell-Nr. 12 325

ISBN: 978-3-96624-063-5

Bildnachweise © AdobeStock:

S. 3: sdecoret; **S. 6:** malosdedos; **S. 8:** childrendrawings, vectorpocket; **S. 11:** rumkugelchen; **S. 12:** GraphicsRF (4x); **S. 13:** komuniki; **S. 14:** PhotoKD, Artalis-Kartographie; **S. 15:** kamphi (7x), Назарій; **S. 16:** lavizzara, sdecoret; **S. 17/18:** brichuas (6x), Peter Hermes Furian, **S. 19:** lavizzara; **S. 21:** Mtys, topvectors; **S. 22:** Thaut Images; **S. 24:** VectorMine (5x); **S. 25:** Designcolor; **S. 26:** kankhem; **S. 27:** Destina, mpanch, scoutori, designer_an, Lorelyn Medina; **S. 28:** T E N D O U, Destina, mpanch, scoutori, designer_an, Lorelyn Medina; **S. 29:** pyty, scusi; **S. 30:** pyty (5x), muchmania; **S. 31:** OliverFoerstner, Pippa West, moofushi, alexgres, st_matty, SeanPavonePhoto, frenta; **S. 33/34:** Artalis-Kartographie; **S. 35:** scusi, Eric Isselée (3x), Icrms, Robbic, Scisetti Alfio, ChiccoDodiFC, Ruckszio, Pixler, todoryankov; **S. 36:** Eric Isselée (3x), Icrms, Robbic, Scisetti Alfio, ChiccoDodiFC, Ruckszio, Pixler, todoryankov; **S. 37:** Artalis-Kartographie; **S. 38:** Artalis-Kartographie (bearbeitet, 2x), Confidende, robertonencini; **S. 39:** danmir12, Stephen, 25ehaag6, aussieanouk; **S. 40:** ustas, don57, Pierre-Yves Babelon; **S. 41:** Vladimir Melnik, Winfried Rusch; **S. 42:** lesniewski, Forgem; **S. 43:** YummyBuum; **S. 44:** Timothy Stone; **S. 45:** gui yong nian; **S. 46:** aumnat; **S. 47:** VerAtro; **S. 48:** fazeful, VarnakovR, Dmitry Pichugin, dinozzaver, Emoji Smileys People (2x), Leneroz, Martin, valeriyap, VerAtro; **S. 49/50:** Smileus, aphotostory, Bruno, Luciano Mortula-LGM, Iakov Kalinin; **S. 51:** abrilla, SeanPavonePhoto; **S. 52:** nadil, olympuscat, stylefoto24, SeanPavonePhoto; **S. 53:** abrilla, KaterinaZizlavska; **S. 54:** valyalkin, yustus, sayuri_k; **S. 57:** Florian, Diego Gomez, Wollwerth Imagery, Amineah, miguel; **S. 59:** places-4-you, Lievano; **S. 60:** ii-graphics; **S. 61/62:** hkuchera, outdoorsman, SyB, peteleclerc; **S. 64:** noche, Rene, Erlantz, Kushnirov Avraham, vaclav; **S. 65/66:** Kozoriz; **S. 67:** phillus; **S. 68:** forcdan; **S. 69/70:** Alexei, Jordan, nicholashan, Luca Ballarini, Petr Šimon; **S. 70:** kamphi; **S. 71:** noche; **S. 72:** Boggy; Piktoworld; **S. 73:** beau, OliverFoerstner; **S. 74:** Marina Gorskaya; **S. 75:** agaes8080 (3x), Igor Zakowski (3x), bennymarty, GraphicsRF, Anna Velichkovsky; **S. 76:** clabert, Maridav, Dominik Rueß, Estela, vladislav333222, Igor Zakowski; **S. 77:** cirodelia; **S. 79:** Jan Will, Christian Musat; **S. 80:** slowmotiongli

Bildnachweise © wikipedia.org gemeinfrei:

S. 9/10: Erdentstehung (10x); **S. 15:** Kontinente; **S. 19:** Pacific Ocean © Wamito (3x); **S. 20:** Pacific Ocean © Wamito (3x), Kontinente; **S. 23:** Klimagürtel der Erde © LordToran; **S. 27:** Location Europe; **S. 27:** European Union main map; **S. 31:** Basilius Kathedrale © D.wine; **S. 37:** Location Africa; **S.45:** Location Asia, © Kudo-kun, Asia, administrative divisions, © TUBS; **S. 46:** Asia, administrative divisions, © TUBS; **S. 49:** Chuurei-tou Fujiyoshida, © Gryffindor; **S. 50:** Chuurei-tou Fujiyoshida, © Gryffindor; Seven Summits Elevation World Map; **S. 55:** Norteamerica, © AlexCovarrubias, North America, administrative divisions, © TUBS; **S. 56:** Riesenmammutbaum, © Alexander Migl; **S. 57:** Cataratas del Niagara, Empire State building from Brooklyn New York, © Smithfl, Statue_of_Liberty; **S. 60:** George Washington; **S. 61/62:** American bison, © Jack Dykinga, Nordopossum in Lake Jackson, Texas, © Preiselbeere; **S. 63:** Location South America, Südamerika, © Brion L. Vibber; **S.64:** Martillo Feuerland, © Martin Cígler; **S. 65:** Amazonasbecken, © Maksim; **S. 67:** Cristo Redentor Rio de Janeiro, © Sting, Zuckerhut, © Alex Petrenko; **S. 68:** South America, © Uwe Dedering; **S. 69/70:** Jaguar, © Charles J Sharp, Kaiman, © Francisco Peralta Torrejón, Llamas alpaca Pueblo Zoo Colorado 2009, © Greg Goebel, Myresluger2, © Malene Thyssen, Eunectes murinus2, © LA Dawson, Cóndor, © Yiyo Zamorano; **S. 74:** Aborigines, © Bgabel, Maori dancers, © Halsband av korallpärlor, 1870-tal – Hallwylska museet, © Helena Bonnevier, Korallenbrosche; **S. 76:** Young tasmanian devil, © KeresH, Kiwi, © Glen Fergus, Tachyglossus aculeatus, © JJ Harrison, Platypus, © Stefan Kraft; **S. 77:** Location Antarctica, © Nux/Ghalas, Polarstern awi hg, © Hgrobe, Neumayer Station Antarctica 2009, © Felix Riess; **S. 78:** Antarctica Karte; **S. 79:** Leopard seal 2, © Murray Foubister; **S. 80:** Kaiserpinguin.

Inhalt – Stationen

Kapitel	Stationenname	Niveau	Seite
7	**Australien-Ozeanien**		
	Was gehört zu Australien-Ozeanien?	⊙	71
	Urbevölkerung und Sehenswertes	!	73
	Die ganz besondere Tierwelt	⊙	75
8	**Antarktis**		
	Antarktis – der kälteste Kontinent	!	77
	Tiere in der Antarktis	!	79

Vorwort

Mit diesen Vorlagen lernen unsere Schüler die Welt kennen. Nach einem Überblick über Entstehung der Kontinente, Himmelsrichtungen, Gradnetz, Klima und Bevölkerung werden die einzelnen Erdteile vorgestellt: Städte, Flüsse, Landschaften, Besonderheiten . Viele interessante Themen, die auch bei jüngeren Schülern Aufmerksamkeit und Neugierde wecken.

Die verschiedenen Niveaustufen entsprechen dem unterschiedlichen Leistungsvermögen der Schüler. Es gibt viele abwechslungsreiche Aufgabenkarten mit Selbstkontrolle. Dabei wird differenziert:

⊙ = grundlegendes Niveau
! = mittleres Niveau
★ = erweitertes Niveau

Die Aufgaben zum grundlegenden Niveau sollten von allen Schülern bearbeitet werden können und enthalten ein „Grundwissen". Aufgaben mit mittlerem Niveau bieten Erweiterungen und höhere Anforderungen. Die Aufgaben des erweiterten Niveaus enthalten vertiefende oder weiterführende Inhalte. Je nach Leistungsstand können Sie jedoch problemlos Stationen anders kennzeichnen.
Die Stationen können in Einzel-, Partner- oder Gruppenarbeit durchlaufen werden. Oben auf den Karten können Sie die Arbeitsform eintragen.

In den Lösungen finden sich, nach den Aufgabennummern geordnet, die Antworten. Die Lösungskarten, evtl. laminiert, lassen sich immer wieder verwenden.

Erfolgreiches Lernen und viel Freude mit diesem Heft wünscht Ihnen der Kohl-Verlag und

Gabriela Rosenwald

Name: ______________________________ Datum: ________________

Laufzettel zu den Lernstationen

⊙ Grundlegendes Niveau

Station	Stationsname	erledigt	korrigiert

! Mittleres Niveau

Station	Stationsname	erledigt	korrigiert

✶ Erweitertes Niveau

Station	Stationsname	erledigt	korrigiert

So entstand die Erde

Unsere Erde ist vor vielen Millionen Jahren aus Staub- und Gaswolken entstanden. Daraus wurde in weiteren Millionen Jahren eine Kugel aus flüssigem Gestein. Langsam kühlte die Oberfläche ab und es bildete sich eine harte Kruste. Heute besteht die Erde aus mehreren Schichten Gestein und Metallen. Einige Schichten sind fest, doch andere sind so heiß, dass sie geschmolzen und flüssig sind. Der Erdkern besteht aus Metall. Noch vor vielen Jahren glaubte man, die Erde sei Mittelpunkt des Weltalls. Erst der Sternenforscher Kopernikus behauptete um das Jahr 1500, dass die Sonne im Mittelpunkt des Universums stehe. Später unterstützte Galileo Galilei diese Idee. Doch erst in der Mitte des 17. Jahrhunderts wurde ihre Meinung anerkannt, dass alle Planeten (so auch die Erde) um die Sonne kreisen. Für einen Umlauf braucht sie etwa 365 Tage.

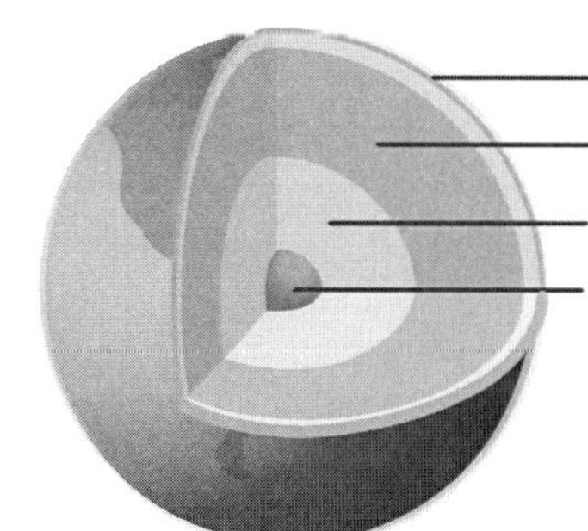

Aufgabe: *Setzt die richtigen Wörter in den Text ein.*

1	Die Erde ist wahrscheinlich aus einer ____________ aus Staub und Gasen entstanden.	mehreren Schichten
2	Langsam kühlte die Oberfläche ab und es bildete sich eine ____________.	Mittelpunkt
3	Nach vielen Millionen Jahren wurde daraus eine Kugel mit ____________.	1 Jahr
4	Der Erdkern besteht aus ____________.	Wolke
5	Vor vielen Jahren glaubte man, die Erde sei der ____________ des Weltalls.	um die Sonne kreisen
6	Heute haben Forscher bewiesen, dass alle Planeten, auch unsere Erde, ____________.	harte Kruste
7	Die Erde braucht etwa ____________, um die Sonne zu umkreisen.	Metall

KOHL VERLAG Kontinente an Stationen Grundschule – Bestell-Nr. 12 325

So entstand die Erde

Lösungskarte

Aufgabe:

1	Die Erde ist wahrscheinlich aus einer **Wolke** aus Staub und Gasen entstanden.
2	Langsam kühlte die Oberfläche ab und es bildete sich eine **harte Kruste**.
3	Nach vielen Millionen Jahren wurde daraus eine Kugel mit **mehreren Schichten**.
4	Der Erdkern besteht aus **Metall**.
5	Vor vielen Jahren glaubte man, die Erde sei der **Mittelpunkt** des Weltalls.
6	Heute haben Forscher bewiesen, dass alle Planeten, auch unsere Erde, **um die Sonne kreisen**.
7	Die Erde braucht etwa **1 Jahr**, um die Sonne zu umkreisen.

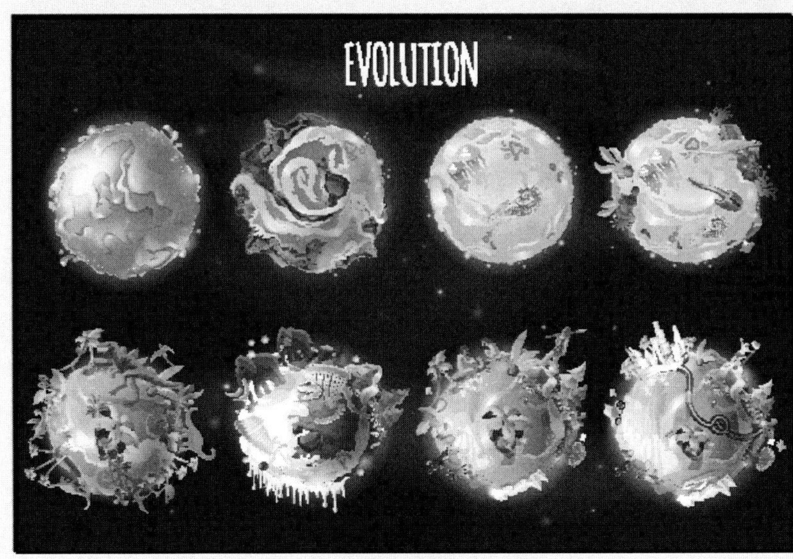

Die Entstehung der Kontinente

Unsere heutigen Erdteile sind aus einem einzigen Riesenkontinent entstanden. Er wird Pangäa genannt. Vor vielen hundert Millionen Jahren brach dieser Superkontinent auseinander, es bildeten sich die uns bekannten Erdteile. Doch auch heute sind die Teile noch in Bewegung, was Vulkane, Erd- oder Seebeben beweisen.

Aufgabe: *Schneide die Bildkärtchen aus und klebe sie der zeitlichen Reihenfolge nach auf ein Blatt. Schneide dann die Textkärtchen aus und klebe sie richtig hinter die Bilder.*

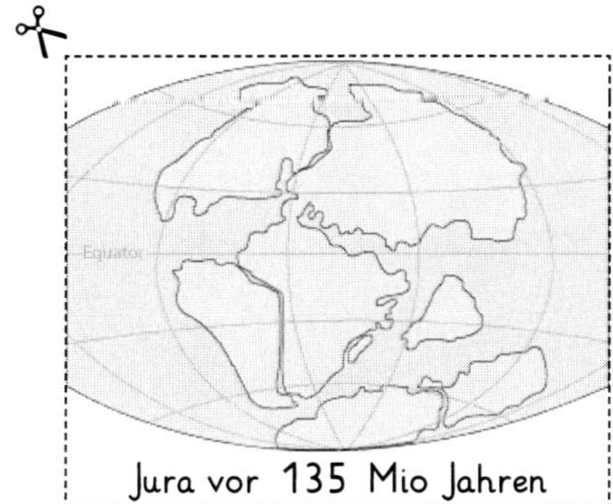

Jura vor 135 Mio Jahren

Trias vor 200 Mio Jahren

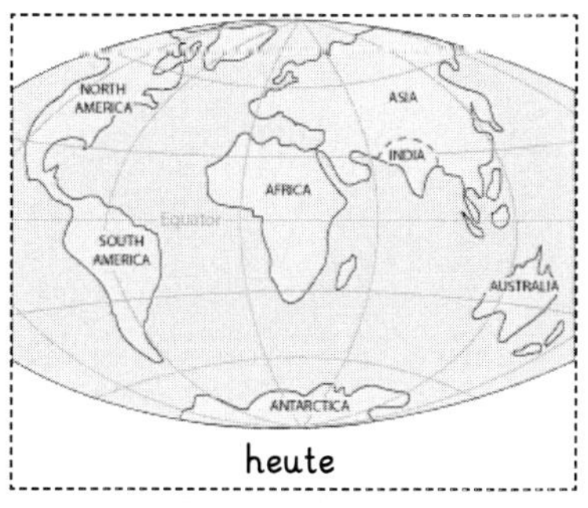

heute

Kreide vor 65 Mio Jahren

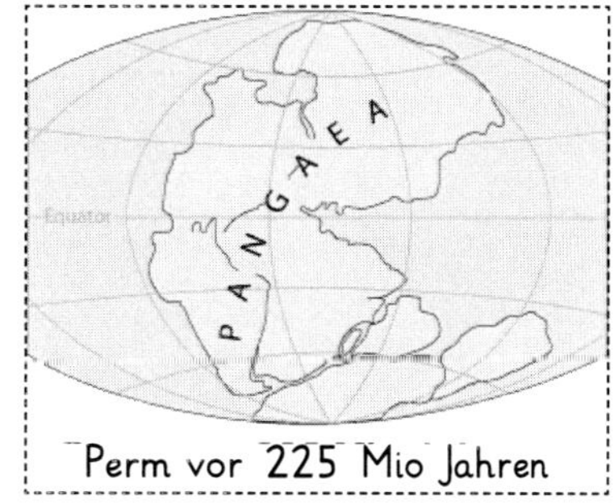

Perm vor 225 Mio Jahren

Nord- und Südamerika trennten sich von Afrika und Europa und trieben nach Westen. Das war etwa vor 65 Millionen Jahren. Dieses Erdzeitalter nennt man Kreide(zeit).

Zu unserer heutigen Zeit gibt es 7 Kontinente: Asien, Afrika, Europa, Nord- und Südamerika, Antarktis und Australien/Ozeanien.

Der Superkontinent zerbrach schließlich durch Bewegungen im Erdmantel in einzelne Platten. Nun gab es zwei Kontinente, Laurasia und Gondwanaland.

Der Urkontinent Pangea war vor über 200 Millionen Jahren die einzige Landmasse und der einzige Ozean war Tethys. Dieses Erdzeitalter heißt Perm.

Afrika, Antarktika und Indien sind Teile des Südkontinents. Der Indische Teil bewegte sich allmählich von Afrika fort, während Antarktika nach Süden wanderte.

Kontinente an Stationen Grundschule – Bestell-Nr. 12 325
KOHL VERLAG

Die Entstehung der Kontinente

Lösungskarte

Aufgabe:

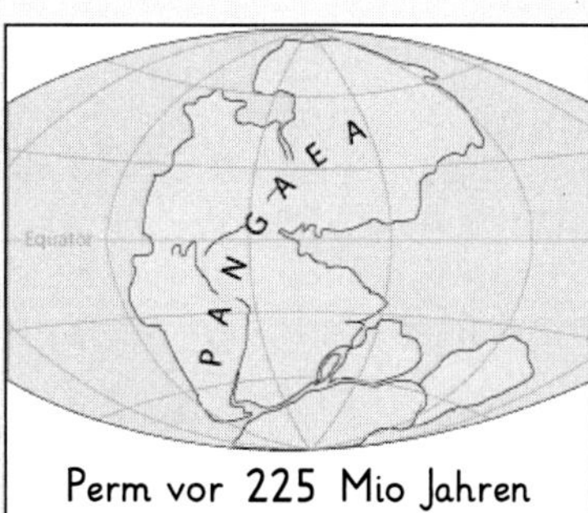

Perm vor 225 Mio Jahren

Der Urkontinent Pangea war vor über 200 Millionen Jahren die einzige Landmasse und der einzige Ozean war Tethys. Dieses Erdzeitalter heißt Perm.

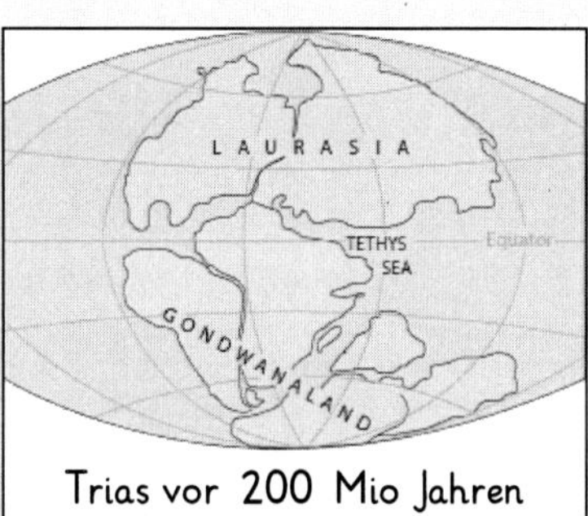

Trias vor 200 Mio Jahren

Der Superkontinent zerbrach schließlich durch Bewegungen im Erdmantel in einzelne Platten. Nun gab es zwei Kontinente, Laurasia und Gondwanaland.

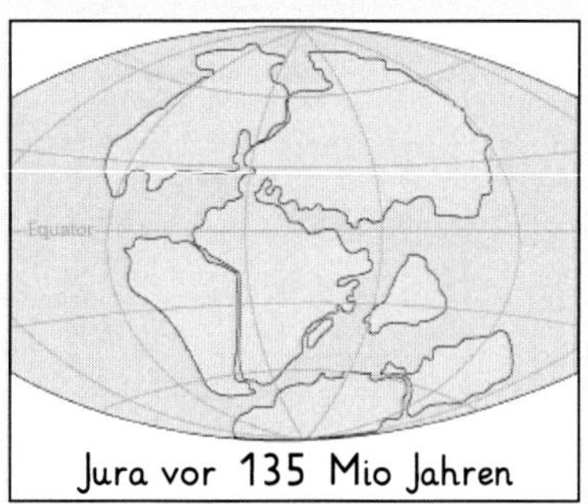

Jura vor 135 Mio Jahren

Afrika, Antarktika und Indien sind Teile des Südkontinents. Der Indische Teil bewegte sich allmählich von Afrika fort, während Antarktika nach Süden wanderte.

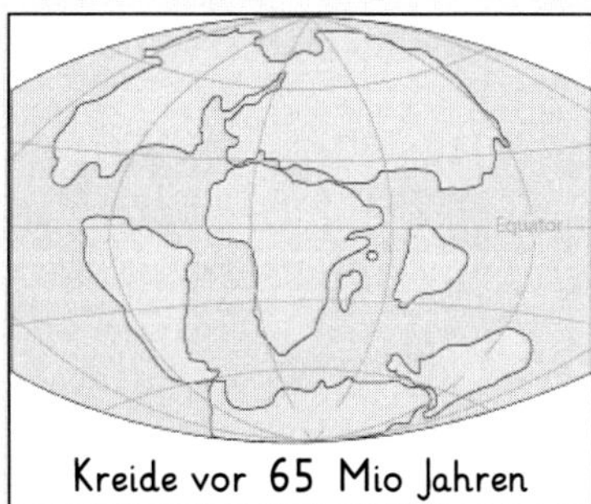

Kreide vor 65 Mio Jahren

Nord- und Südamerika trennten sich von Afrika und Europa und trieben nach Westen. Das war etwa vor 65 Millionen Jahren. Dieses Erdzeitalter nennt man Kreide(zeit).

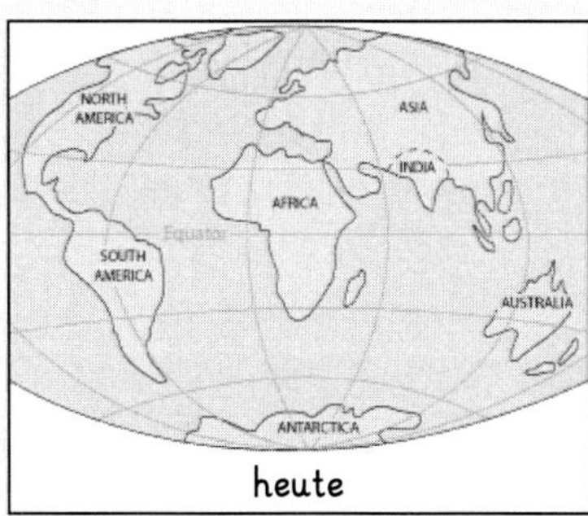

heute

Zu unserer heutigen Zeit gibt es 7 Kontinente: Asien, Afrika, Europa, Nord- und Südamerika, Antarktis und Australien/Ozeanien.

Die Himmelsrichtungen

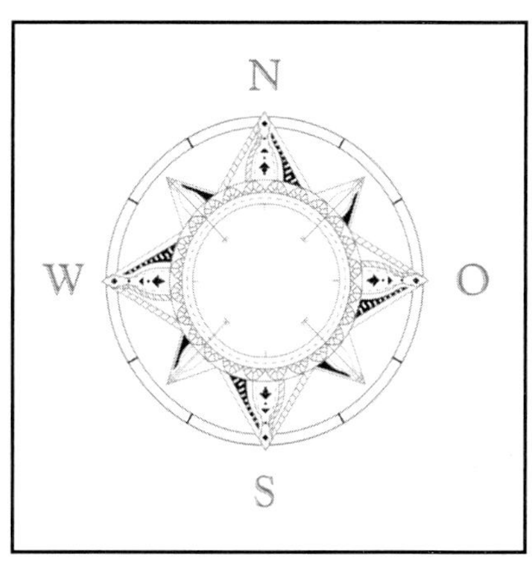

Norden, Süden, Osten und Westen sind die vier Himmelsrichtungen. Schon unsere Vorfahren wussten, dass die Sonne immer im Osten aufgeht, mittags im Süden steht und abends im Westen untergeht.

<u>So kannst du dir das merken</u>:

Im Osten geht die Sonne auf,
im Süden hält sie Mittagslauf
im Westen wird sie untergeh'n
im Norden ist sie nie zu sehn.

Doch nur vier Himmelsrichtungen wären zu ungenau. Es gibt deshalb noch Namen für das, was zwischen den vier Hauptrichtungen liegt: Genau in der Mitte zwischen Nord und Ost liegt Nordost, abgekürzt NO. Zwischen Ost und Süd liegt folglich Südost, abgekürzt SO. Zwischen Süd und West liegt Südwest, abgekürzt SW. Zwischen West und Nord liegt Nordwest, abgekürzt NW. Das ist auf den meisten Windrosen eingezeichnet. Die Wortteile Nord und Süd stehen immer vorne.

Aufgabe: a) *Malt zu jeder Himmelsrichtung ein Bild mit der Sonne.*

Osten	**Süden**	**Westen**	**Norden**

b) *Setzt die weiteren Himmelsrichtungen richtig ein.*

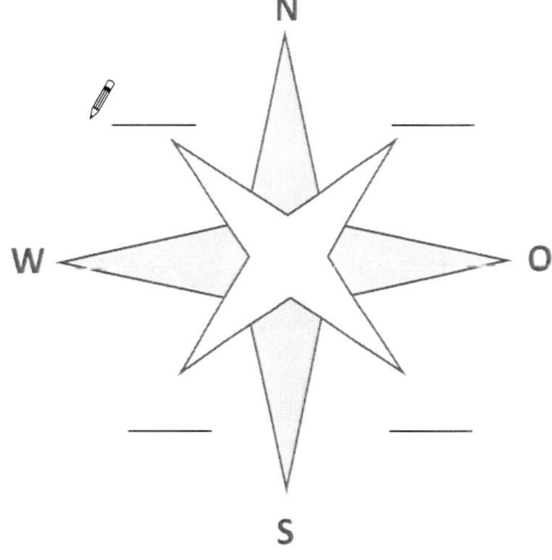

Die Himmelsrichtungen 

Lösungskarte

Aufgabe: a)

Im Osten geht die Sonne auf	im Süden hält sie Mittagslauf	im Westen wird sie untergeh'n	im Norden ist sie nie zu sehn

Aufgabe: b)

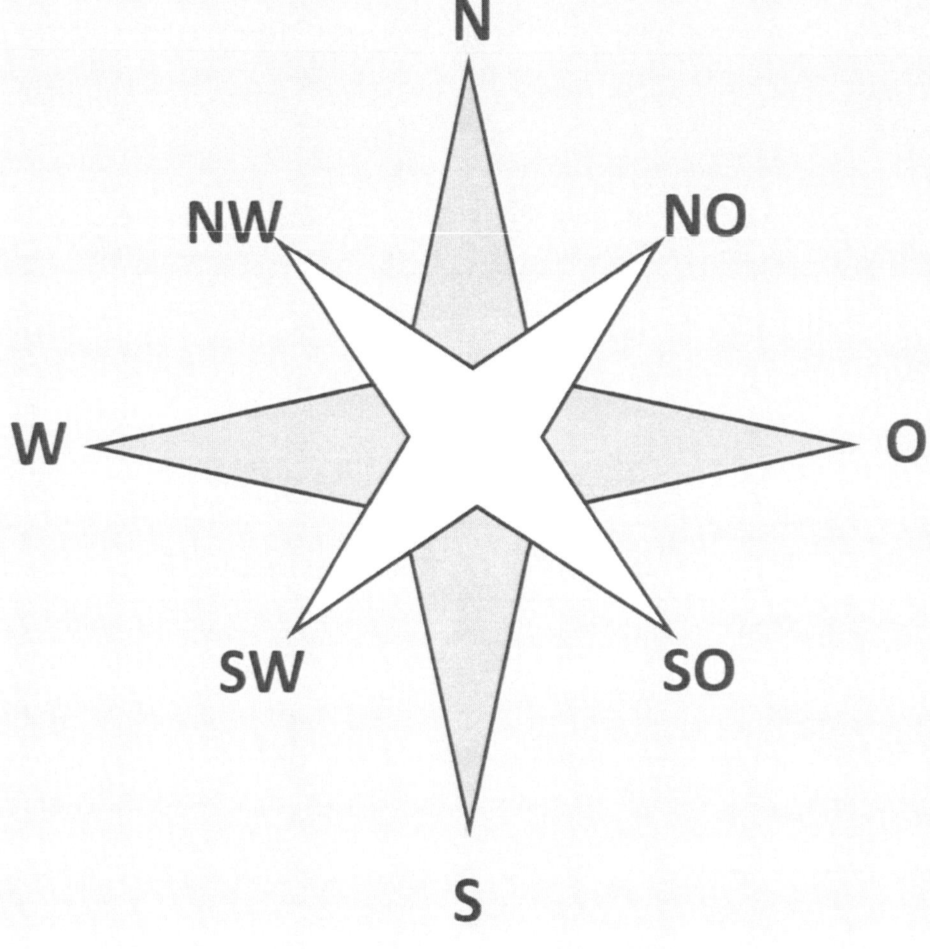

Das Gradnetz unserer Erde

!

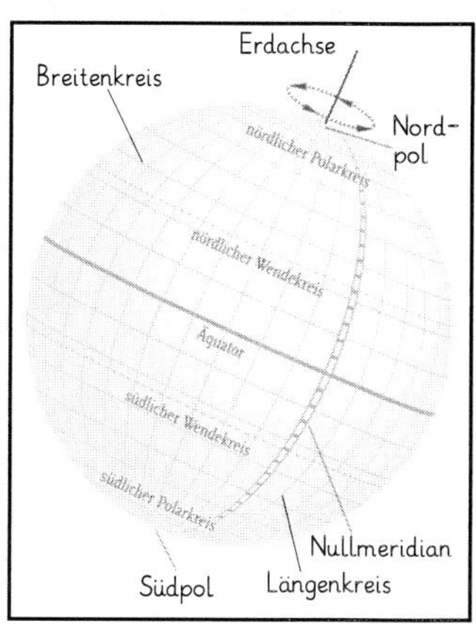

Das Gradnetz ist ein gedachtes Liniennetz, was sich über unsere Erde zieht. Es besteht aus Breiten- und Längenkreisen. Um einen Ort geografisch genau festzulegen, muss man also den Längen- und Breitengrad angeben.

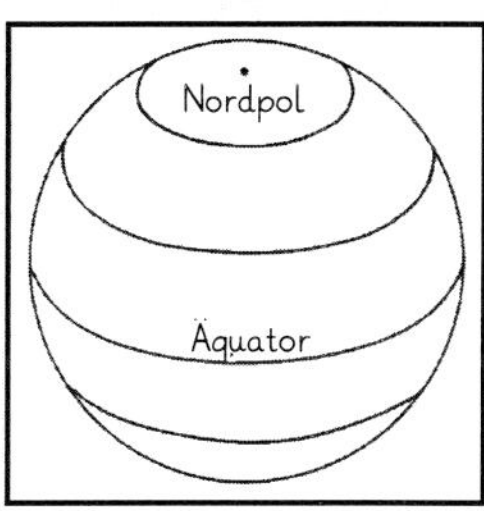

Der längste **Breitenkreis** ist der Äquator. Er ist 40 000 Kilometer lang. Zu den Polen hin werden die Kreise immer kleiner, bis sie am Nord- und Südpol nur noch Punkte sind. Die Breitenkreise geben Aufschluss über das Klima.

Kreise werden nicht in Metern, sondern in Grad gemessen. Jeder Kreis hat 360 Grad. (Grad = ° abgekürzt.) Breitengrade werden mit Nord und Süd angegeben, je nachdem, ob der Ort nördlich oder südlich des Äquators liegt.

Längenkreise (Meridiane) verlaufen vom Nordpol zum Südpol. Sie sind immer gleich lang. Der 0 – Meridian verläuft durch die Sternwarte Greenwich in London.

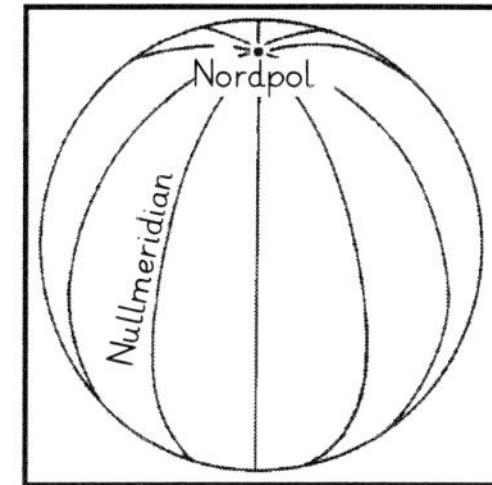

Kreise werden in Grad gemessen, nicht in Metern. So zählt man vom 0 – Meridian 180 Grad Ost und 180 Grad West (= 360 Grad). (Westlich von London – wo der Meridian 0 verläuft, oder östlich davon.) Die Längenkreise legen Datum und Uhrzeit fest.

Die **Erdachse** ist eine gedachte Linie zwischen Nord- und Südpol. Um diese Achse dreht sich die Erde einmal am Tag. Allerdings schwebt unsere Erde ein wenig schief durch den Weltraum .

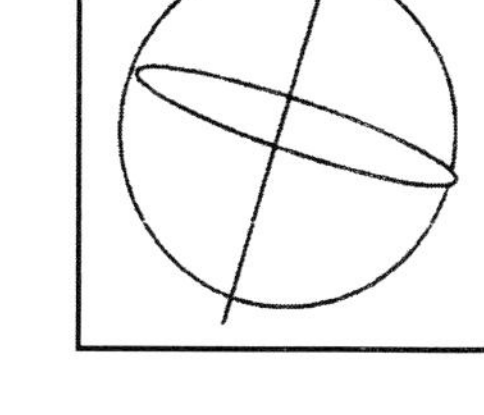

Aufgabe:

a) *Was geben die Längengrade, was die Breitengrade an?*

b) *Wie oft dreht sich die Erde am Tag um sich selbst?*

c) *Wo sind wir? Schaut auf eine Karte oder im Internet!*
Forscht nach: (die Zahlen sind gerundet)

1. Breitengrad 52° N, Längengrad: 13° O ✎ ____________________
2. Breitengrad 34° S, Längengrad 58° W ____________________
3. Breitengrad 35° N, Längengrad 139° O ____________________
4. Breitengrad 19° N, Längengrad 155° W____________________

KOHL VERLAG Kontinente an Stationen Grundschule – Bestell-Nr. 12 325

Das Gradnetz unserer Erde

!

Lösungskarte

Aufgabe: a) Die Längengrade bestimmen Datum und Uhrzeit.
Die Breitengrade geben Aufschluss über das Klima.

b) Die Erde dreht sich einmal am Tag um ihre Achse.

c) 1. Breitengrad 52° N,
Längengrad: 13° O – **Berlin**

2. Breitengrad 34° S,
Längengrad 58° W – **Buenos Aires**

3. Breitengrad 35° N,
Längengrad 139° O – **Tokio**

4. Breitengrad 19° N,
Längengrad 155° W – **Hawaii**

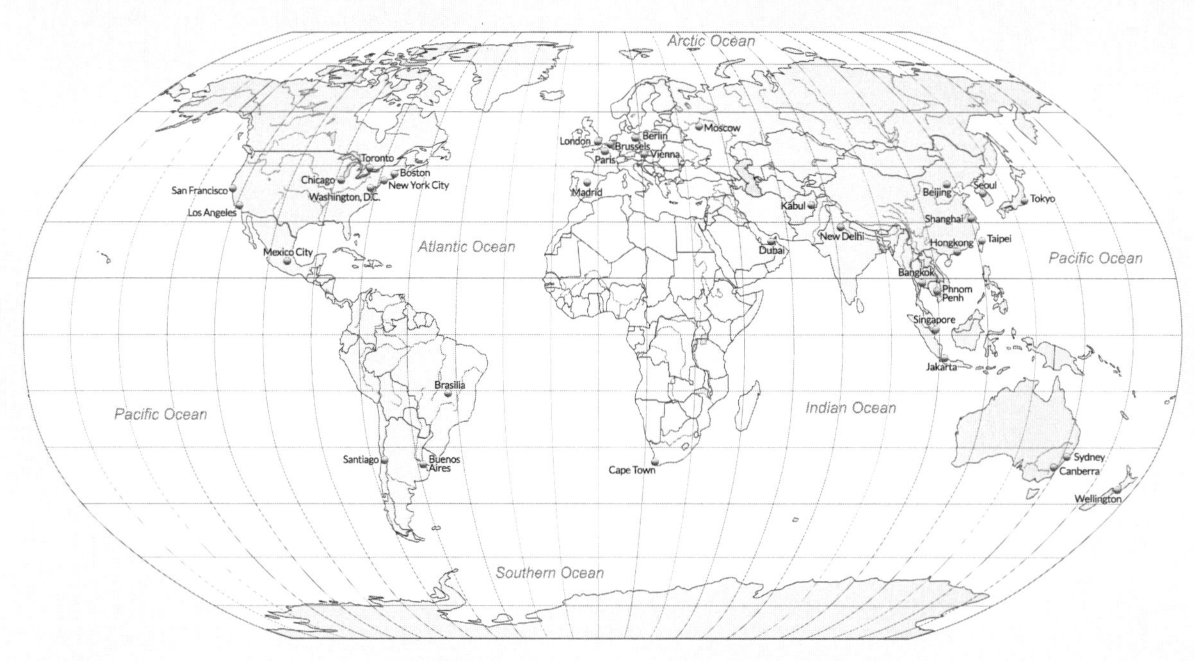

Die sieben Erdteile

Unsere Erde besitzt sieben Kontinente. Sie heißen: Nordamerika, Südamerika, Afrika, Europa, Asien, Australien/Ozeanien und Antarktis

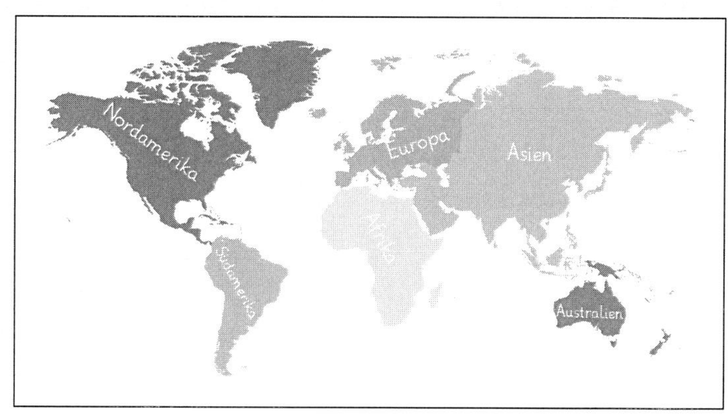

Kontinente sind eigentlich riesengroße Inseln, die von Meeren umgeben sind. Diese Landmassen werden auch „Erdteile" genannt. Meist trennen schmale Landbrücken oder Meeresengen die einzelnen Kontinente voneinander. Als Grenze zwischen Europa und Asien gilt das Uralgebirge, denn an der Ostseite Europas gibt es keine Trennung zu Asien durch ein Meer.

Aufgabe: a) *Hier siehst du die 7 Kontinente. Schneide sie aus. Ordne die Erdteile richtig an. Klebe sie auf ein Blatt und beschrifte sie.*

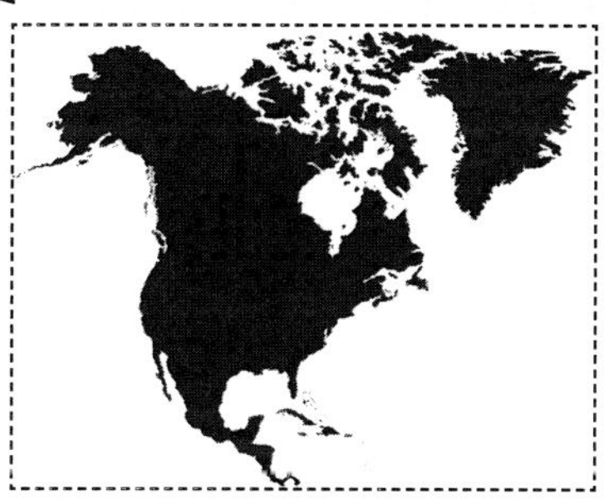

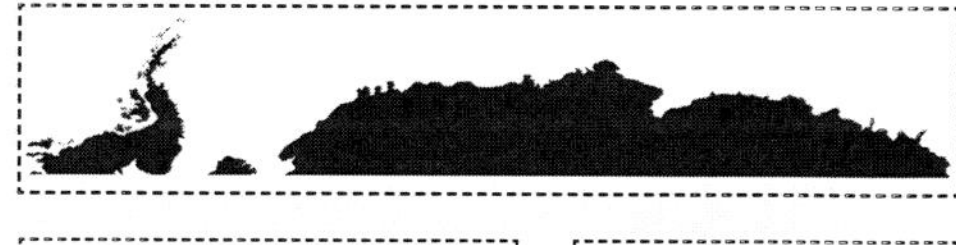
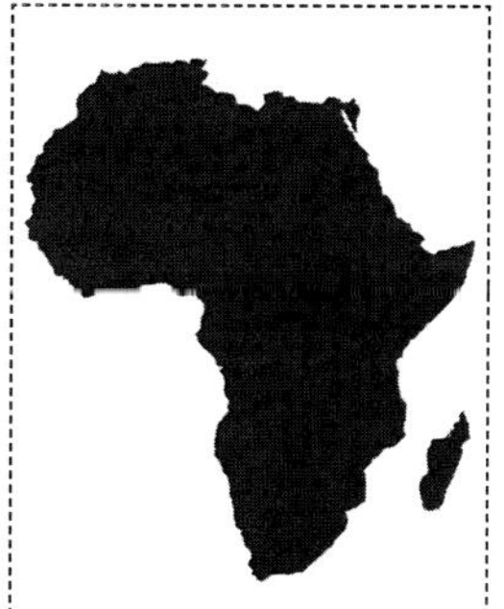

b) *Wodurch sind die Kontinente meist getrennt?*

c) *Welche Kontinente kannst du auf den Karten entdecken?*

1

2

3

4

KOHL VERLAG Kontinente an Stationen Grundschule – Bestell-Nr. 12 325

Die sieben Erdteile

Lösungskarte

Aufgabe: a) So sind die Kontinente richtig angeordnet:

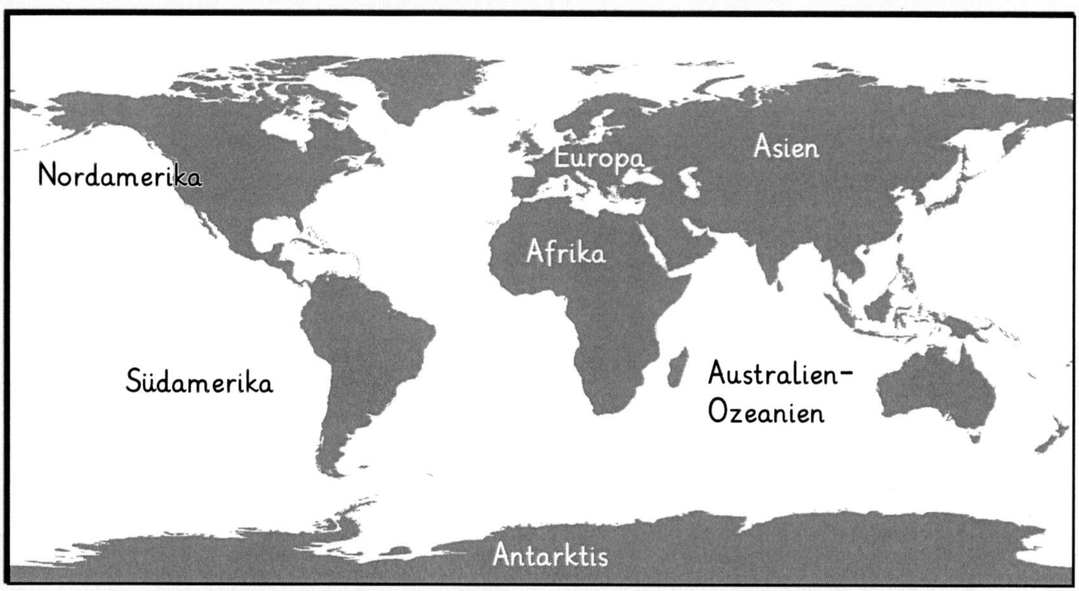

b) Schmale Landbrücken oder Meeresengen trennen die einzelnen Kontinente voneinander. Als Grenze zwischen Europa und Asien gilt das Uralgebirge, weil es dort kein Meer gibt.

c) 1. Südamerika, Afrika, Europa
2. Nord- und Südamerika
3. Afrika und Europa
4. Asien und Australien-Ozeanien

Die Größe der Kontinente

!

Aufgabe: a) *Findet die Namen der Kontinente.*

b) *Schneidet die Kärtchen und Bilder aus. Ordnet die Erdteile dann der Größe nach. Klebt sie mit den richtigen Bildern auf ein Blatt.*

Name:

Name:

Name:

Name:

Name:

Name:

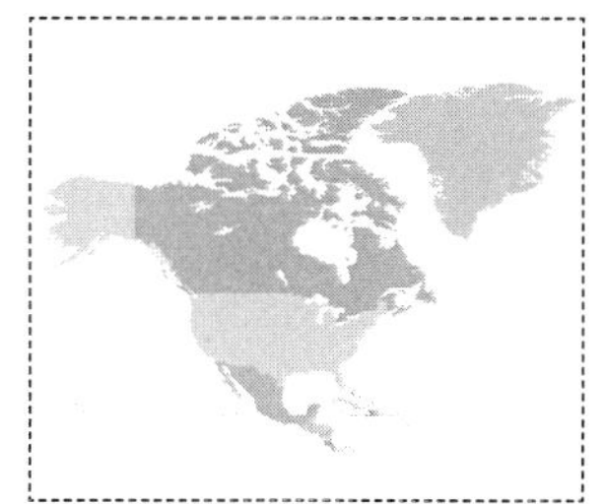

Name:

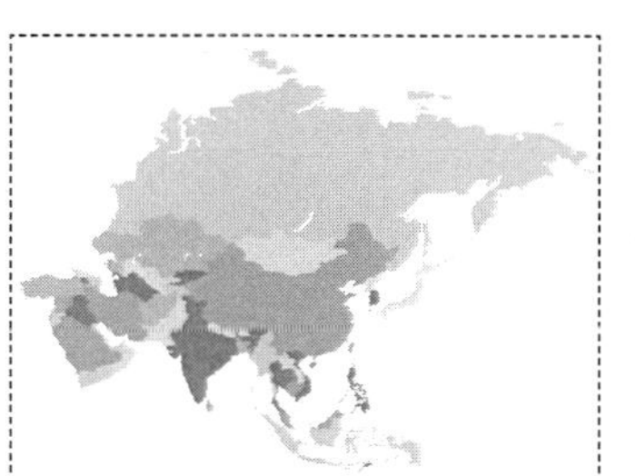

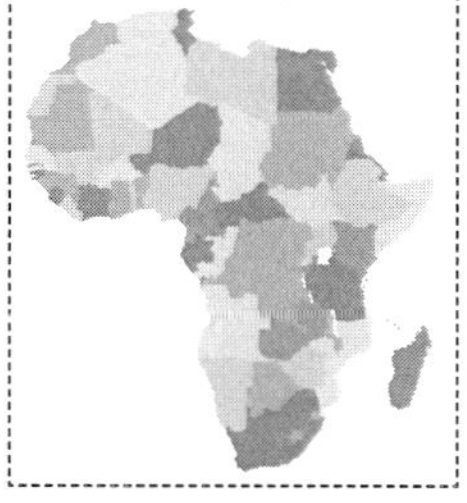

KOHL VERLAG Kontinente an Stationen Grundschule – Bestell-Nr. 12 325

Die Größe der Kontinente

Lösungskarte

Aufgabe: Die Kontinente, der größte zuerst:

1. Asien

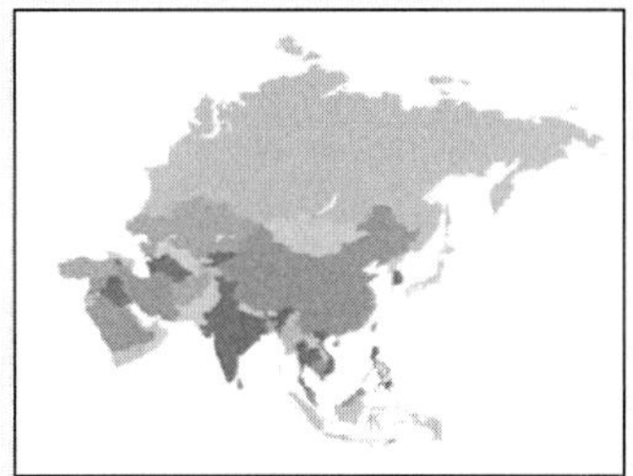

2. Afrika

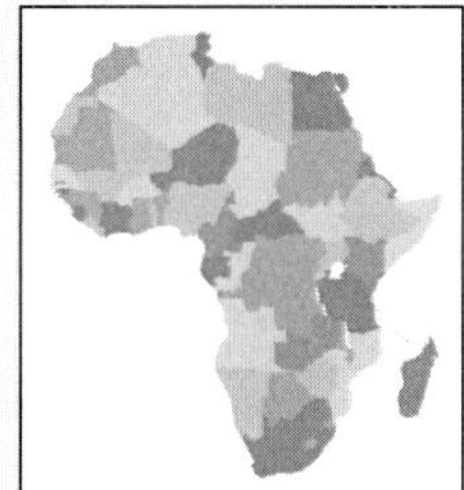

3. Nordamerika

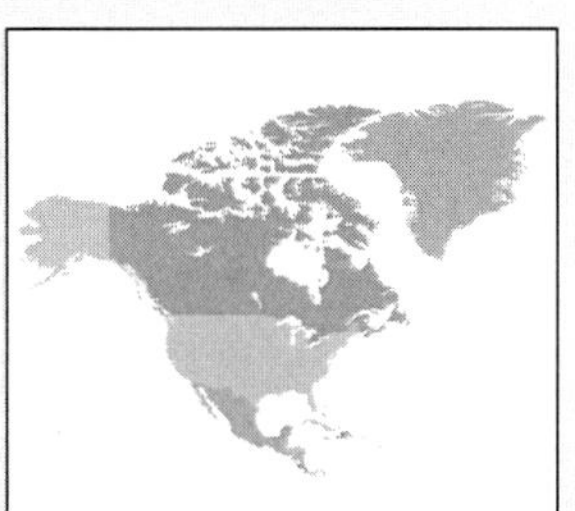

4. Südamerika

5. Antarktis

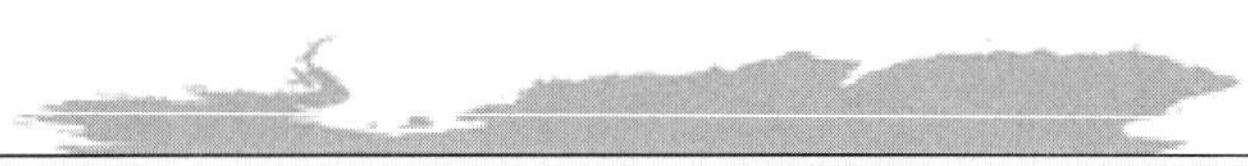

6. Europa

7. Australien-Ozeanien

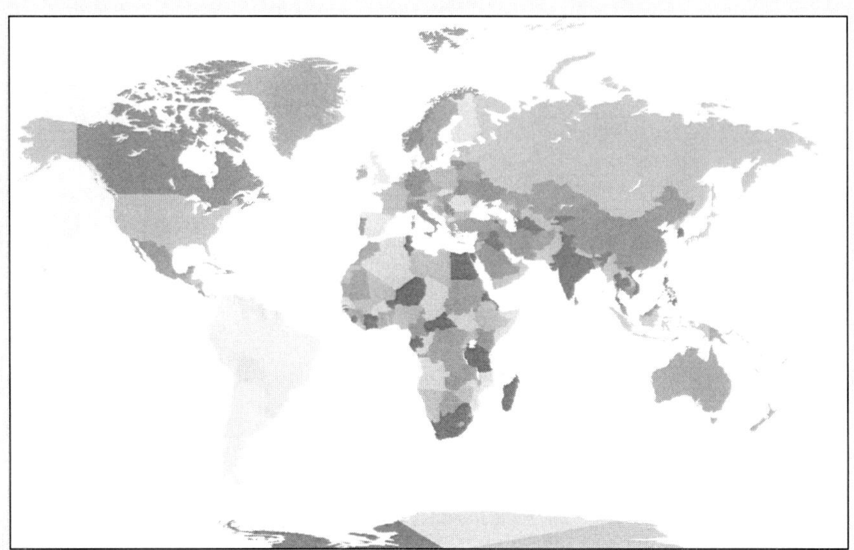

Die großen Ozeane unserer Erde

Vom Weltraum sieht unsere Erde wie eine blaue Murmel mit einigen Flecken aus. Das Blau ist das Wasser der Ozeane und Meere. Sie bedecken etwa zwei Drittel unseres Planeten. Das letzte Drittel ist Land.

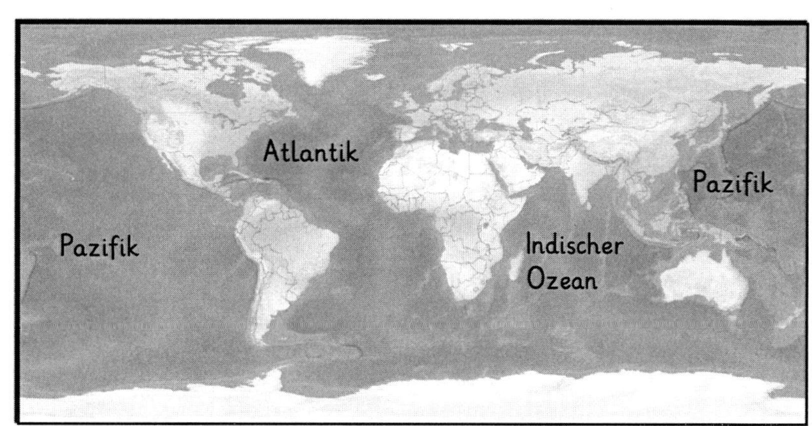

Unsere Erde hat drei große Ozeane: den Pazifischen Ozean (Pazifik), den Atlantischen Ozean (Atlantik) und den Indischen Ozean. Am Nordpol liegt das Nordpolarmeer (auch Arktischer Ozean genannt) und am Südpol das Südpolarmeer. Der Pazifik ist das größte Weltmeer. Im Pazifik liegt die tiefste Stelle der Weltmeere. Es geht dort, im Marianengraben, etwa 11 km hinab!

Der Atlantische Ozean ist das zweitgrößte Weltmeer. Man fliegt oder fährt über den Atlantik, wenn man von Europa nach Amerika reisen möchte.

<u>Aufgabe</u>: a) *Schau auf die große Karte: Zwischen welchen Kontinenten liegen.*

1. der Pazifik	2. der Atlantik	3. der Indische Ozean

b) *Welcher Ozean ist der größte, welcher der kleinste?*

c) *Wo liegt die tiefste Stelle der Weltmeere und wie tief ist sie?*

d) *Welchen Ozean überquert man, wenn man von Amerika nach Europa reisen möchte?*

KOHL VERLAG Kontinente an Stationen Grundschule – Bestell-Nr. 12 325

Die großen Ozeane unserer Erde

!

Lösungskarte

Aufgabe: a)

1. der Pazifik	2. der Atlantik	3. der Indische Ozean
Pazifik	Atlantik	Indischer Ozean
Der Pazifik liegt zwischen Nord- und Südamerika, Asien und Australien-Ozeanien.	Der Atlantik liegt zwischen Nord- und Südamerika, Afrika und Europa.	Der Indische Ozean liegt zwischen Afrika, Asien und Australien-Ozeanien.

b) Der größte Ozean ist der Pazifische Ozean (Pazifik).
Der kleinste Ozean ist der Indische Ozean.

c) Die tiefste Stelle aller Weltmeere liegt im Pazifik. Es ist der Marianengraben, er ist etwa 11 km (11 000 m) tief.

d) Man überquert den Atlantik (Atlantischen Ozean).

Das Klima

★

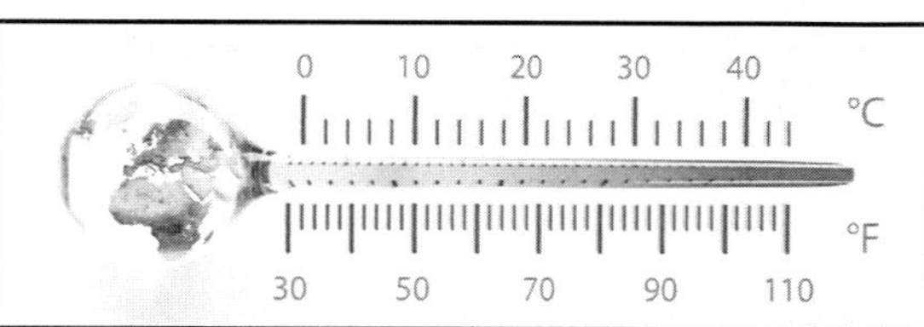

Das Klima einer Region ermittelt man, indem über einen längeren Zeitraum alle Wetterdaten gesammelt und ausgewertet werden. So gelangt man zu Mittelwerten und kann sagen, wie warm es in der Regel, wo in welchem Monat ist und wie viel Niederschlag durchschnittlich fällt.

Als „Wetter" bezeichnet man das Zusammenspiel von Sonne, Regen, Schnee, Wind und Temperatur. Im Unterschied zum Klima kann sich das Wetter schnell ändern.

Seit einigen Jahren allerdings verändert sich das Klima rascher als normal. Die Durchschnittstemperatur der Erde steigt, in manchen Gegenden der Erde häufen sich die Niederschläge und werden stärker, in anderen bleiben sie ganz aus. Wetterextreme wie Hitzewellen, Dürren, Überschwemmungen oder Stürme hat es schon immer gegeben. Doch das Klima wandelt sich: In der jüngeren Zeit, besonders im letzten Jahrzehnt, traten Wetterextreme gehäuft auf. Klimaforscher machen Treibhausgase wie Kohlendioxid für diese Veränderung verantwortlich.

Aufgabe:

a) *Wie zeigt sich die Klimaveränderung?*

b) *Schau auf die Bilder unten. Was schadet dem Klima? Was müssen wir vermeiden, um das Klima zu verbessern?*

c) *Was kann jeder einzelne dafür tun? Notiert Stichpunkte und sprecht in der Klasse darüber.*

1		2	
3		4	
5		6	
7		8	

KOHL VERLAG
Kontinente an Stationen Grundschule – Bestell-Nr. 12 325

Das Klima ★

Lösungskarte

Aufgabe:

a) Die Durchschnittstemperatur der Erde steigt, in manchen Gegenden der Erde häufen sich die Niederschläge und werden stärker, in anderen bleiben sie ganz aus. Wetterextreme wie Hitzewellen, Dürren, Überschwemmungen oder Stürme nehmen zu.

b) Dem Klima schaden z. B.: radioaktiver Müll, Abgase aus Kraftwerken, Smog in den Städten, Müll im Meer, Flugzeuge, saurer Regen, Autoabgase.

c)
1. Strom sparen! Schalte deinen Fernseher, Computer oder deine Konsole richtig aus, wenn du dein Zimmer verlässt.
2. Mehr Gemüse auf dem Teller! Die Tierhaltung und der Transport des Fleisches tragen zum Klimawandel bei.
3. Kaufe Milch, Gemüse und Fleisch auf einem Bauernhof oder einem Markt in deiner Region. Wenn du Produkte aus der Heimat kaufst, schonst du die Umwelt. Denn diese Produkte müssen nicht so weit durch die Welt transportiert werden.
4. Müll vermeiden: Am einfachsten kannst du etwas für die Umwelt tun, wenn weniger Abfall und Müll bei euch entsteht. Viele Produkte wie Äpfel müssen nicht in Plastikfolie verpackt sein. Getränke sind in Mehrwegverpackungen umweltfreundlicher.
5. Lass dich nicht mit dem Auto zur Schule fahren. Besser ist es, wenn du zu Fuß gehst, mit dem Rad fährst oder Bus und Bahn benutzt.

Die Klimazonen der Kontinente

Zu den Kontinenten gehören verschiedene Klimazonen. Sie entstehen vor allem durch die unterschiedliche Sonneneinstrahlung. Je steiler die Sonnenstrahlen auf die Erde treffen, desto höher wird die Temperatur.

Am Äquator treffen die Sonnenstrahlen fast senkrecht auf den Boden. Dort ist es also sehr heiß. Um den Äquator liegt die **tropische Zone.**

Nach Norden und Süden schließt sich die **subtropische Zone** an. Hier gibt es sehr heiße Sommer und etwas kühlere Winter. Dazu zählt zum Beispiel der Mittelmeerraum. Dort liegen Länder wie Spanien und Griechenland. Hier findet man auch große Wüsten wie z. B. die Sahara.

Es folgt – wieder südlich und nördlich des Äquators – die **warmgemäßigte Zone.** Dort ist es meistens im Winter kalt und im Sommer warm. Es gibt nicht oft sehr hohe oder sehr tiefe Temperaturen. Deutschland hat warmgemäßigtes Klima.

Nun kommen wir in die **kaltgemäßigte Zone.** Hier ist es im Winter (ebenfalls) sehr kalt, im Sommer kann es jedoch auch richtig warm werden.

An den Polgebieten dagegen treffen die Sonnenstrahlen sehr flach auf die Erde. Weil dadurch weniger Energie hierhin kommt, ist es dort kalt. Dort liegen die **subpolare Zone** und die **polare Zone.**

In den verschiedenen Klimazonen leben die verschiedensten Pflanzen und Tiere. Ein Eisbär könnte nicht in Afrika in den Tropen leben und eine Giraffe nicht in der Antarktis.

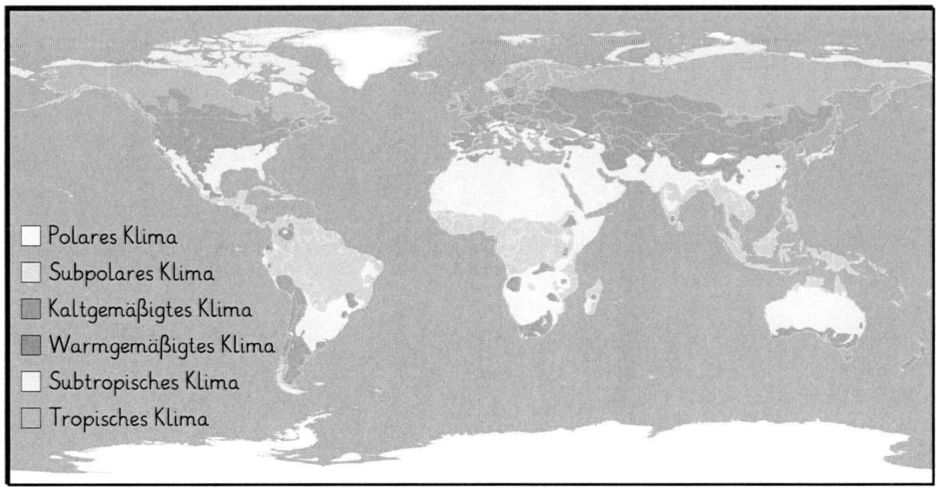

Aufgabe:

a) *Liste auf, zu welchen Kontinenten welche Klimazonen gehören.*

b) *Wo liegen die größten tropischen Gebiete?*

c) *Welcher Kontinent hat fast nur polares Klima?*

KOHL VERLAG Kontinente an Stationen Grundschule – Bestell-Nr. 12 325

Die Klimazonen der Kontinente

Lösungskarte

Aufgabe: a)

Kontinent:	Klimazone:
Europa	subpolares Klima, warm- und kaltgemäßigtes Klima, subtropisches Klima
Afrika	warmgemäßigt, subtropisch und tropisch
Asien	alle Klimazonen
Nordamerika	alle Klimazonen
Südamerika	alle Klimazonen
Australien-Ozeanien	tropisches und subtropisches Klima, warmgemäßigtes Klima
Antarktis	Polares und subpolares Klima

b) Die größten tropischen Gebiete liegen in Südamerika und Afrika.

c) Die Antarktis hat fast nur polares Klima.

Die Bevölkerung

!

Die Menschen lebten in Afrika, Nord- und Südamerika und Australien-Ozeanien mehr oder weniger friedlich, bis sich die Europäer aufmachten, die ganze Welt zu erforschen und zu beherrschen. Vor allem Seefahrer aus Portugal, Spanien, den Niederlanden, England und Frankreich erkundeten und besiedelten die Kontinente und unterwarfen oder töteten die Ureinwohner.

Seit 1986 gibt es für alle Ureinwohner, Völker und Stämme eines Kontinents, die ihn als erste besiedelt haben, die Bezeichnung „indigene Völker".

Eskimo nennen wir die Völker um den Nordpol. Die Hauptgruppen sind die Inuit im Norden Kanadas und auf Grönland und die Yupik in Russland und in Alaska.

Als Indianer bezeichnen wir die indigenen (eingeborenen) Völker Nordamerikas. In Mexiko lebten früher die Maya und die Azteken, weit entwickelte Völker.

In Südamerika gibt es noch viele Eingeborene, die Indios. Auch hier gab es früher eine hochentwickelte Kultur, die Inkas.

In Nordafrika leben Araber und Berber. Im übrigen Afrika leben Fulbe, Massai, Buschleute (San) und Pygmäen. Sie gehören zu der dunkelhäutigen Urbevölkerung Afrikas.

Chinesen, Inder, Japaner, Russen und viele andere Völker leben in Asien. Auch Araber sind hier zuhause.

Die Ureinwohner Australiens sind die Aborigines, die Neuseelands heißen Maori.

Heute hat sich die Weltbevölkerung vermischt. Wir treffen Dunkelhäutige in Deutschland, Chinesen in Amerika usw. Das ist eine positive Entwicklung, weil jeder von einer anderen Kultur lernen kann. Leider sehen das nicht alle Leute so. Daher entstehen oft Probleme zwischen den verschiedenen Menschen.

Aufgabe: *Ordne die verschiedenen Menschen ihren Heimatkontinenten zu.*

Chinesen, Spanier, Massai, Aborigines, Mexikaner, Buschleute, Portugiesen, Indianer, Japaner, Araber, Inuit, Indios, Maoris, Inder, Berber, Pygmäen

Europa ______________________

Asien ______________________

Afrika ______________________

Nordamerika ______________________

Südamerika ______________________

Australien-Ozeanien ______________________

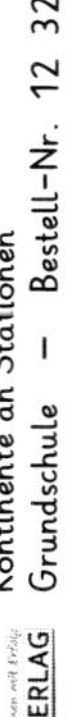

Die Bevölkerung !

Lösungskarte

<u>Aufgabe</u>:

Europa	Spanier, Portugiesen
Asien	Chinesen, Japaner, Inder, Araber
Afrika	Araber, Berber, Buschleute, Massai, Pygmäen
Nordamerika	Indianer, Inuit
Südamerika	Indios
Australien-Ozeanien	Aborigines, Maori

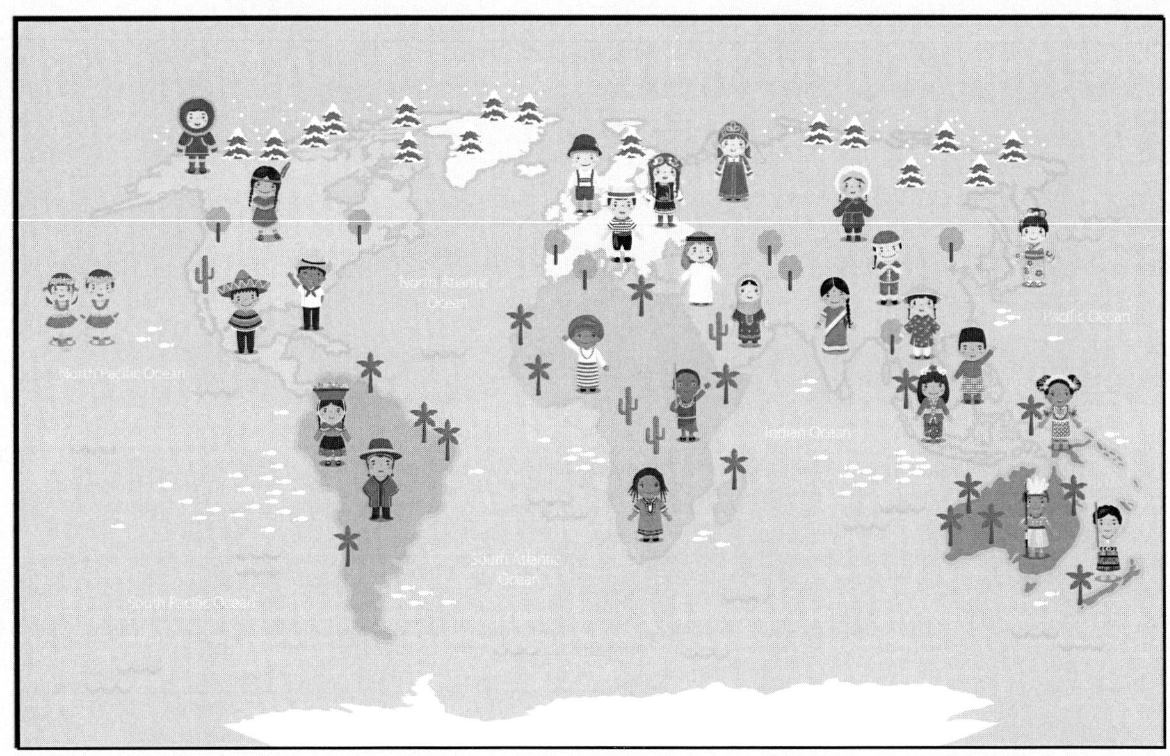

Europa und die Europäische Union

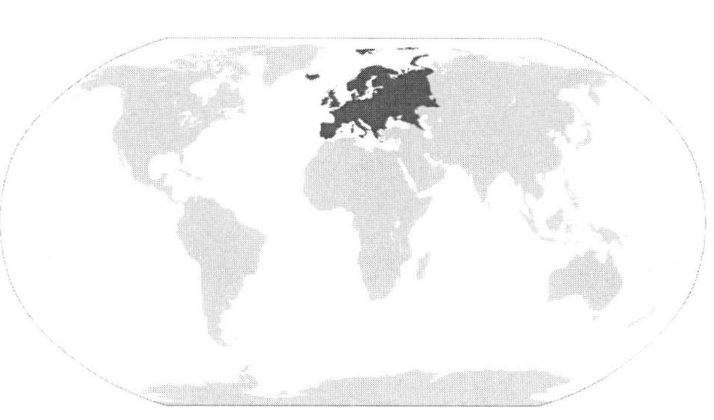

Europa ist der zweitkleinste Kontinent der Erde. Hier leben mehr als 746 Millionen Menschen.

Der Kontinent Europa ist von vielen Inseln und Halbinseln stark zerklüftet. Die Landfläche ist durch Gebirge, große Flüsse und Seen gegliedert.

Die Kultur entwickelte sich im Altertum in Griechenland und im Römischen Reich. Es bildeten sich viele Länder, die oft Kriege gegeneinander führten. Seit dem 2. Weltkrieg im letzten Jahrhundert versuchten die Staaten, ein einiges Europa zu erreichen. Die Europäische Union entstand.

Europa und die Europäische Union (abgekürzt EU) sind aber nicht das Gleiche.

Die Europäische Union hat heute 27 Mitglieder, nachdem das Vereinigte Königreich Ende Januar 2020 ausgetreten ist. In Europa gibt es aber fast 50 Länder. Manche Länder wollen der EU nicht beitreten. Manche Länder müssen noch einiges verändern, um einen Beitritt zu erreichen. Die EU-Länder haben gemeinsame Ziele:

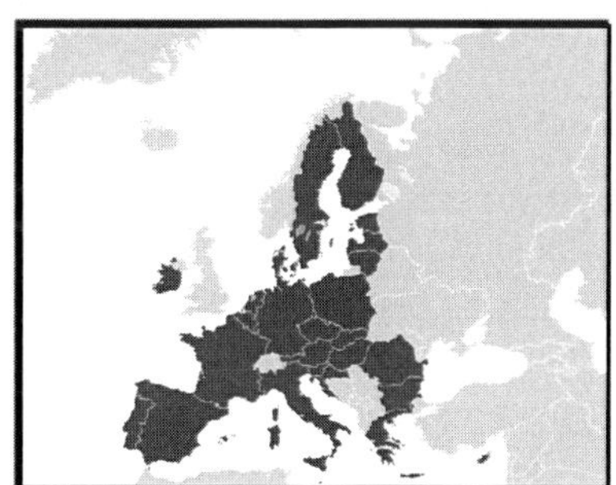

1. Sie wollen erreichen, dass es allen wirtschaftlich gut geht.
2. Sie kümmern sich um den Frieden in Europa und in der Welt.
3. Sie haben sich vorgenommen, dass alle Menschen in der EU die gleichen Rechte, Chancen und Freiheiten haben sollen.

Aufgabe:

a) *Beschreibe mit deinen Worten: Was will die Europäische Union erreichen?*

b) *Die EU hat verschiedene Zeichen. Verbinde sie mit den passenden Bildern.*

die Flagge – die Hymne – der Euro – der Europatag – das Motto „In Vielfalt geeint"

Kontinente an Stationen Grundschule – Bestell-Nr. 12 325
KOHL VERLAG

Europa und die Europäische Union

Lösungskarte

Aufgabe: a) eigene Antworten

b)

Der Euro	
Die Europaflagge	
Die Hymne	
Der Europatag am 9. Mai	
Das Motto „In Vielfalt geeint"	

Europas Länder – Einteilung 

Europa besteht aus 47 Staaten. Russland und die Türkei sind zwei Länder, die sowohl zu Europa als auch zu Asien gehören.

Zu **Nordeuropa** zählen wir Dänemark, Schweden, Norwegen, Finnland und Island.

Zu **Mitteleuropa** gehören Deutschland, Schweiz, Österreich, Polen, Tschechien und Ungarn.

Zu **Westeuropa** gehören Belgien, Frankreich, Luxemburg, Niederlande, Vereinigtes Königreich und Irland.

Zu **Osteuropa** zählen wir Bulgarien, Rumänien, Russland, die Ukraine und Weißrussland.

Zu **Südeuropa** gehören Spanien, Portugal, Italien und Griechenland

Aufgabe: a) *Schau auf eine große Karte oder in einen Atlas und male die genannten Länder farbig an.*

b) *Finde zu den folgenden Ländern die Hauptstädte:*

Deutschland	✎	Tschechien	
Österreich		Spanien	
Schweiz		Italien	
Russland		Schweden	
Frankreich		Polen	
Niederlande		Dänemark	

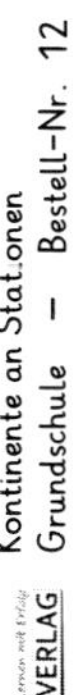

Europas Länder – Einteilung ★

Lösungskarte

Aufgabe: a)

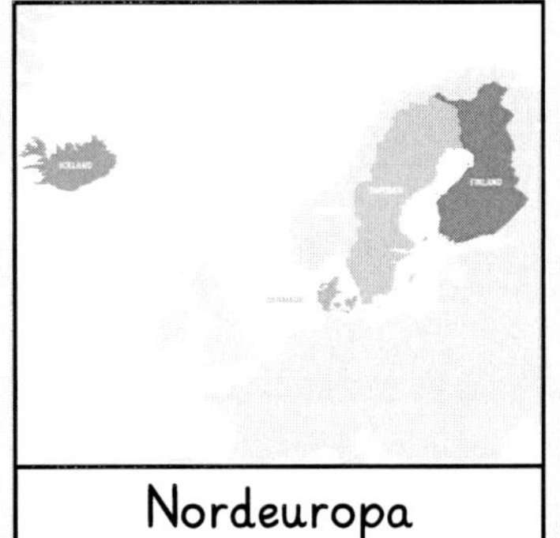

Nordeuropa

Mitteleuropa

Westeuropa

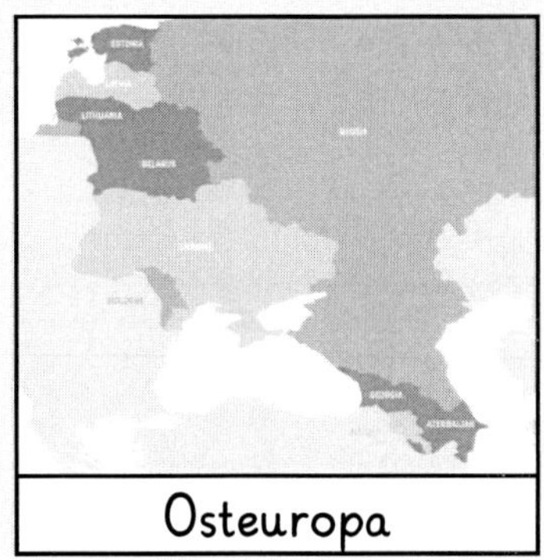

Osteuropa

Südeuropa

b)

Land	Hauptstadt	Land	Hauptstadt
Deutschland	Berlin	Tschechien	Prag
Österreich	Wien	Spanien	Madrid
Schweiz	Bern	Italien	Rom
Russland	Moskau	Schweden	Stockholm
Frankreich	Paris	Polen	Warschau
Niederlande	Amsterdam	Dänemark	Kopenhagen

Europas große Städte

!

In Europa liegen viele Städte, die durch ein besonderes Bauwerk bekannt sind.

Aufgabe: a) *Forsche nach und schreibe die richtige Stadt und das Land auf.*

Eiffelturm | Kolosseum | Brandenburger Tor | Karlsbrücke
Tower Bridge | Kölner Dom | Der schiefe Turm | Basilius Kathedrale

b) *Findet weitere berühmte Bauwerke in Europa und nennt die Stadt und das Land dazu.*

c) *Trage in das Gitter die 9 Städte ein. Einige Buchstaben sind zur Hilfe vorgegeben. Das Lösungwort ist wichtig für diese Aufgaben.*

Berlin – Rom – Paris – London – Amsterdam – Athen
Kopenhagen – Moskau – Brüssel

B		Ü													
		M					U								
					I	N									
				O			O								
													G	E	N
					P										
								M							
			A	M											
					H		N								

KOHL VERLAG Kontinente an Stationen Grundschule – Bestell-Nr. 12 325

Europas große Städte

Lösungskarte

Aufgabe: a)

Bauwerk	Stadt	Land
Eiffelturm	Paris	Frankreich
Kolosseum	Rom	Italien
Brandenburger Tor	Berlin	Deutschland
Karlsbrücke	Prag	Tschechien
Tower Bridge	London	Vereinigtes Königreich
Kölner Dom	Köln	Deutschland
Schiefer Turm	Pisa	Italien
Basilius Kathedrale	Moskau	Russland

b)

Bauwerk	Stadt	Land
Petersdom	Rom	Italien
Sagrada Famila	Barcelona	Spanien
Alhambra	Granada	Spanien
Stephansdom	Wien	Österreich
Blaue Moschee	Istanbul	Türkei
Akropolis	Athen	Griechenland
Atomium	Brüssel	Belgien

c)

B	R	Ü	S	S	E	L									
		M	O	S	K	A	U								
	B	E	R	L	I	N									
			L	O	N	D	O	N							
						K	O	P	E	N	H	A	G	E	N
					P	A	R	I	S						
						R	O	M							
			A	M	S	T	E	R	D	A	M				
			A	T	H	E	N								

Große Flüsse in Europa

!

Die Wolga – Längster Fluss Europas (3534 km)

Die Wolga entspringt in der Nähe von Moskau und mündet nach über 3500 km im Kaspischen Meer, dem größten See der Erde. Die Wolga ist der wichtigste Transportweg Russlands. Sie ist durch Kanäle mit der Ostsee, dem Weißen Meer, dem Schwarzen Meer und Moskau verbunden.

Die Donau (2845 km)

Die Donau beginnt in Donaueschingen und mündet ins Schwarze Meer. Mit Wien, Bratislava, Budapest und Belgrad durchfließt die Donau gleich vier europäische Hauptstädte. Zusammen mit dem Rhein, dem Main und dem Rhein-Main-Donau-Kanal verbindet sie die Nordsee mit dem Schwarzen Meer.

Der Rhein (1233 km)

Der Rhein entspringt in den Schweizer Alpen. Er fließt insgesamt durch sechs Länder: die Schweiz, Liechtenstein, Österreich, Deutschland, Frankreich und die Niederlande. Er mündet in die Nordsee. Der Rhein ist eine der meist genutzten Wasserstraßen der Welt.

Die Elbe (1094 km)

Die Elbe entspringt im Riesengebirge in Tschechien. Sie fließt durch den Osten und Norden Deutschlands und mündet bei Cuxhaven in die Nordsee. Auch sie ist ein wichtiger Transportweg.

<u>Aufgabe</u>:

a) *Suche die Flüsse auf einer großen Karte und zeichne sie in der Karte ein.*

b) *Welche großen Städte liegen an welchen Flüssen? Schreibe auf.*

Rhein: ______________________________

Wolga: ______________________________

Donau: ______________________________

Elbe: ______________________________

KOHL VERLAG Kontinente an Stationen Grundschule – Bestell-Nr. 12 325

Große Flüsse in Europa

!

Lösungskarte

Aufgabe: a)

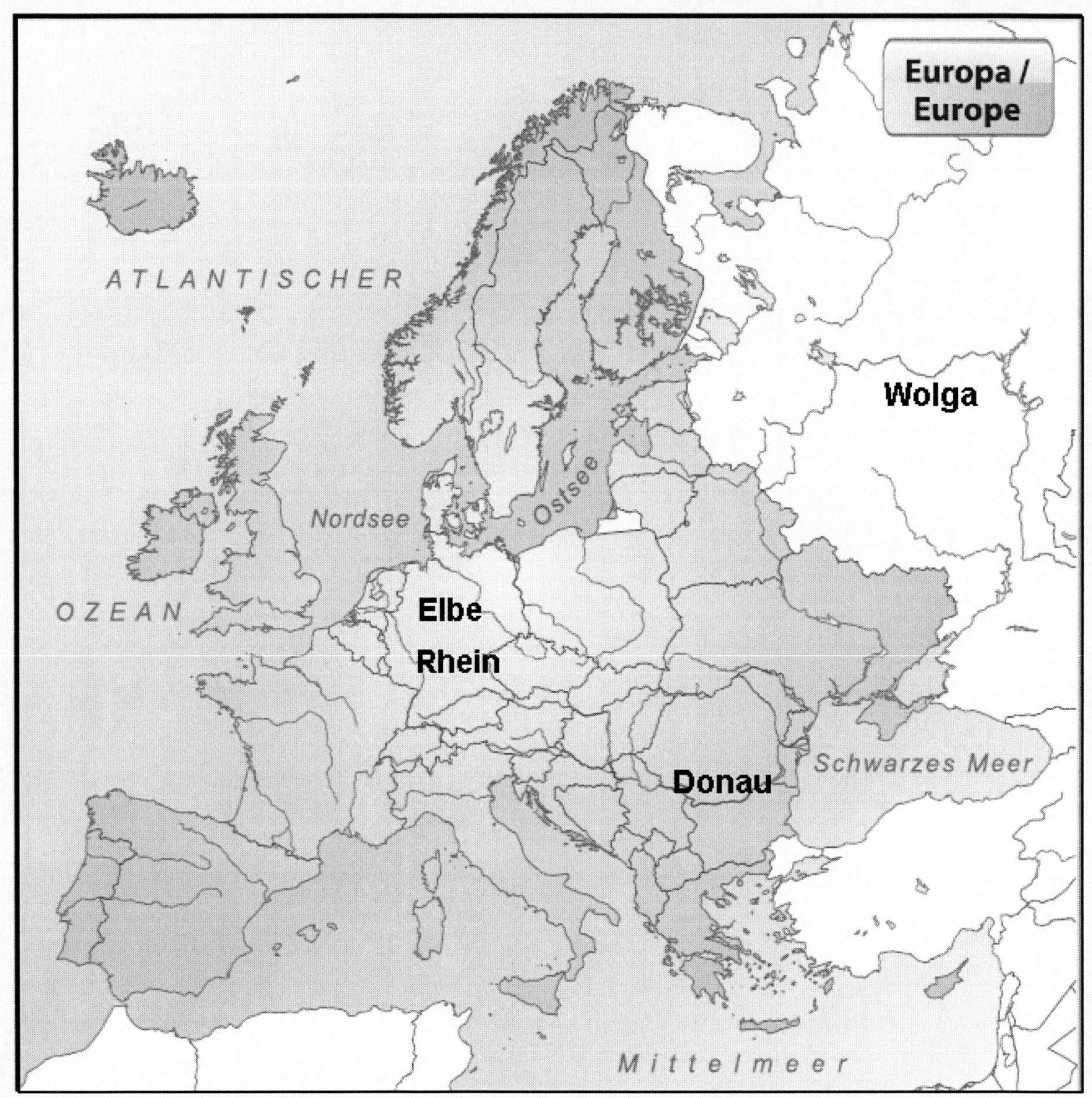

b)

Rhein	Wolga	Donau	Elbe
Köln	Nischni Nowgorod	Ulm	Dresden
Düsseldorf	Kasan	Budapest	Magdeburg
Speyer	Wolgograd	Wien	Hamburg

Die Alpen

Die Alpen sind das einzige Hochgebirge in Europa. Die Schweiz, Österreich und Deutschland haben neben 6 weiteren Ländern Anteil daran. Der höchste Berg bildet die Grenze von Frankreich zu Italien und heißt Mont Blanc – Weißer Berg. Er ist 4810 m hoch. Die Zugspitze mit 2962 m ist in den Alpen der höchste Berg Deutschlands. Am bekanntesten ist das Matterhorn in der Schweiz. Es ist 4478 m hoch.

Bis etwa 800 und 1000 m Höhe wächst Laubwald. Darüber schließt sich der Nadelwald an. Oberhalb der Waldgrenze in etwa 1500 bis 2200 m befinden sich die Almen, die Weiden der Bauern für ihre Tiere. Darüber liegt die Fels- und Eisstufe.

In den Alpen leben z. B. Steinbock, Murmeltier, Gämse und Steinadler. Die bekanntesten Blumen sind der Enzian und das Edelweiß.

Aufgabe:

a) *Wie heißt der höchste Berg der Alpen und wo liegt er?*

b) *Beschreibe die verschiedenen Höhenstufen der Alpen.*

c) *Hier seht ihr Tiere und Pflanzen, die in den Alpen leben und wachsen. Notiert ihre Namen! Enzian, Steinbock, Edelweiß, Gämse, Rabe, Murmeltier, Hirsch, Marder, Steinadler, Alpenrose. Vielleicht könnt ihr in Gruppenarbeit über jedes Bild ein wenig mehr berichten?*

KOHL VERLAG Kontinente an Stationen Grundschule – Bestell-Nr. 12 325

Die Alpen

Lösungskarte

Aufgabe: a) Der höchste Berg heißt Mont Blanc – Weißer Berg. Er ist 4 810 m hoch und bildet die Grenze von Frankreich zu Italien.

b)

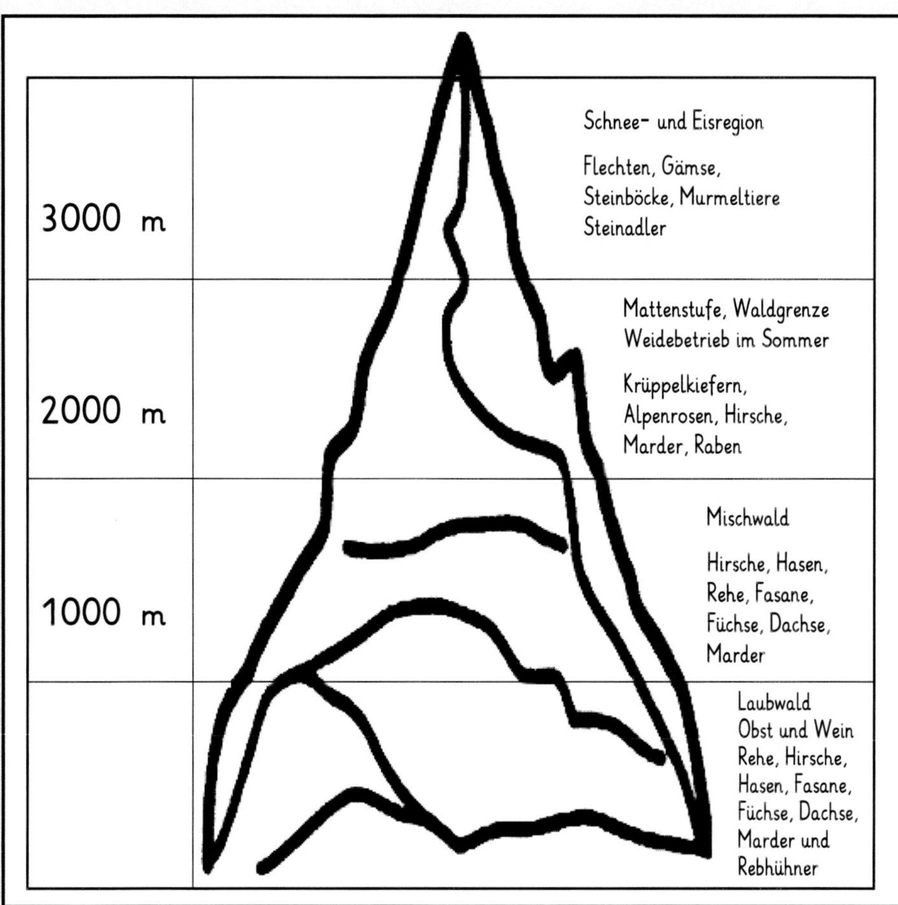

c)

Afrika – Überblick

Die größte Stadt Afrikas ist Kairo (mit ihrem Umland) in Ägypten, es folgt Lagos in Nigeria. Die drittgrößte Stadt ist Kinshasa in der Demokratischen Republik Kongo. Der höchste Berg ist der Kibo im Kilimandscharo-Gebirge (5 895 m hoch) in Tansania. Der größte See ist der Victoriasee in Ostafrika. Der längste Fluss Afrikas ist der Nil mit 6 671 km. Weitere große Flüsse sind der Kongo und der Niger. Die größte Insel ist Madagaskar.

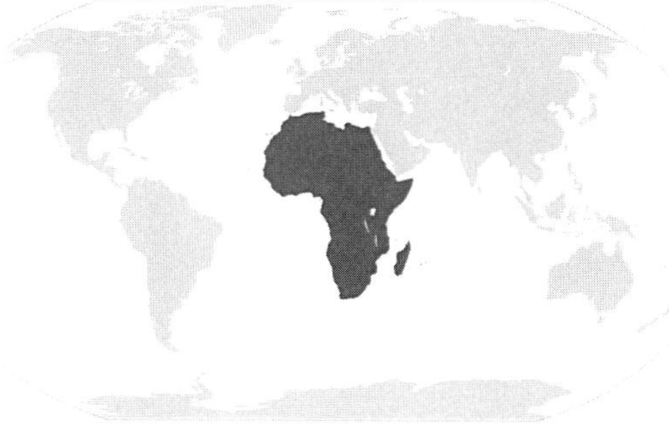

Aufgabe: a) *Notiert die Orte, findet sie auf der Karte und zeichnet sie rot ein:*

Rabat
Casablanca
Algier
Tunis
Mittelländisches Meer
Tripolis
Alexandria
Kairo
Giseh
Rotes Meer
S A H A R A
Dakar
Bamako
Conakry
Khartum
Addis
Abidjan
Accra
Lagos
Yaoundé
Bangui
Juba
Mogadishu
Kicangani
Nairobi
Kinshasa
Luanda
Indischer Ozean
Daressalam
Atlantischer Ozean
Lusaka
Harare
Antananarivo
Pretoria
Maputo
Johannesburg
Durban
Kapstadt

Die drei größten Städte

- ______________________
- ______________________
- ______________________

Die drei längsten Flüsse

- ______________________
- ______________________
- ______________________

Der höchste Berg:

____

Die größte Insel:

____

Die größte Wüste

____

Der größte See:

____

Afrika ist von zwei großen Meeren umgeben. Sie heißen:

______________________ ______________________

b) *Du machst eine Reise durch Afrika. Zeichne deinen Weg ein: Du startest in Kapstadt, ganz im Süden. Du besuchst Johannisburg und den Victoriasee. Dann machst du dich nach Kinshasa und Lagos auf. An der Küste entlang fährst du über Accra und Dakar nach Casablanca. Du besuchst noch Algier, Tunis und Alexandria, bevor du von Kairo aus den Heimweg antrittst.*

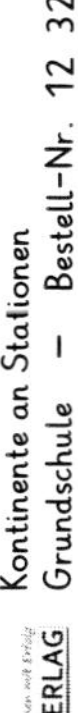

KOHL VERLAG Kontinente an Stationen Grundschule – Bestell-Nr. 12 325

Afrika – Überblick

Lösungskarte

Aufgabe: a)

Die drei größten Städte
- Kairo
- Lagos
- Kinshasa

Die drei längsten Flüsse
- Nil
- Kongo
- Niger

Der höchste Berg:
Kibo im
Kilimandscharo-Gebirge

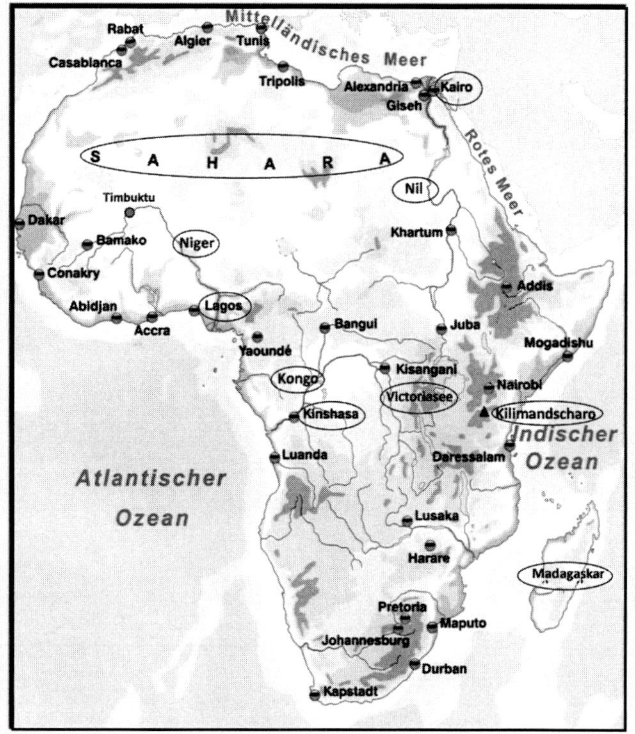

Die größte Insel ist Madagaskar.
Die größte Wüste heißt Sahara.
Der größte See ist der Viktoriasee.
Die beiden großen Meere, die Afrika umgeben, sind der Atlantische und der Indische Ozean.

b)

So verläuft deine Reise:

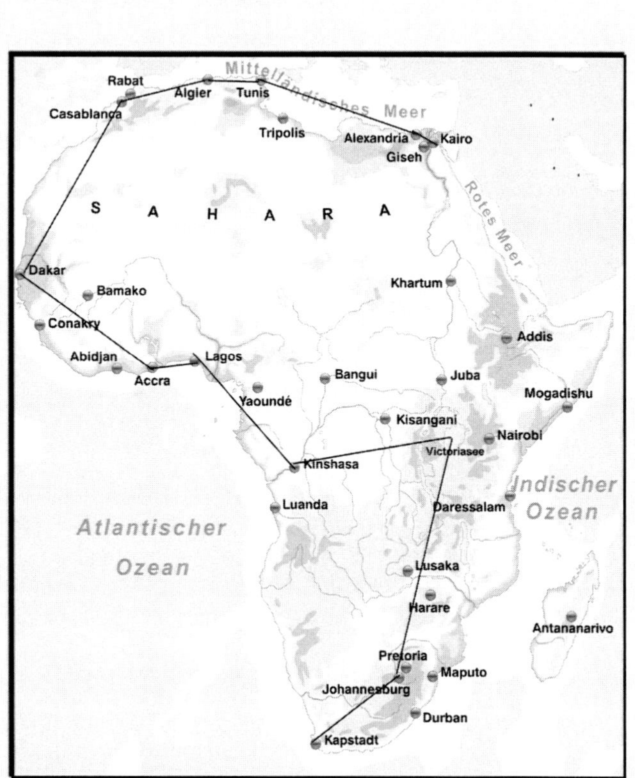

Die Landschaften Afrikas

Wüsten

In Afrika liegen drei große Wüsten, im Norden die Sahara, im Südwesten die Namib und im Süden die Kalahari. In den Wüsten herrscht große Trockenheit. Die größte Wüste, die Sahara, trennt Nordafrika von Schwarzafrika. Die einzige fruchtbare Gegend ist dort nur in der Umgebung des Nils zu finden. In der Sahara gibt es Wasserstellen, die man Oasen nennt.

Regenwald

Früher waren große Teile Zentralafrikas von tropischen Regenwäldern bedeckt. Doch viele Waldflächen wurden abgeholzt und verkauft. Heute findet man nur noch feuchtwarme Regenwälder an der Westküste und landeinwärts bis Kongo Kinshasa (Demokratische Republik Kongo – DRK).

Savannen sind weite Graslandschaften, in denen einige Sträucher und Bäume stehen. Savannen liegen zwischen den Wüsten und dem tropischen Regenwald. Dort leben viele verschiedene Tiere. Typische Bäume sind die Schirmakazie und der Baobab, der Affenbrotbaum.

Gebirge

Die Gipfel des Kilimandscharo-Massivs, das an der Grenze zwischen Kenia und Tansania liegt, sind so hoch, dass sie immer schneebedeckt sind. Der höchste Gipfel ist der Kibo mit 5595 m. In den fruchtbaren Hochlagen wachsen Kaffee und Tee.

<u>Aufgabe:</u>

a) *Beschreibe die Landschaften mit deinen Worten.*

b) *Wo in Afrika findest du diese Landschaften?*

c) *Erkläre, was Oasen sind.*

d) *Beschreibe die Schirmakazie und den Affenbrotbaum.*

KOHL VERLAG Kontinente an Stationen Grundschule – Bestell-Nr. 12 325

Die Landschaften Afrikas

Lösungskarte

<u>Aufgabe</u>:

a) freie Antworten.

b) In Nordafrika liegt die Sahara, die größte Wüste.
Im Südwesten findet man die Wüste Namib und im Süden die Kalahari.

c) Oasen sind Wasserstellen in der Wüste. Sie waren früher sehr wichtig, weil die Karawanen dort Rast machen konnten und ihre Wasservorräte auffüllen konnten.

d)

Der bekannteste Baum Afrikas ist die Schirmakazie. Der Baum wächst auf sandigen und steinigen Böden, sogar in der Wüste. Das Holz des Baumes wird für Möbel, Zaunpfähle, Kisten und Stifte genutzt. Das Laub und die Früchte dienen als Futter für Tiere.

Ein weiterer Baum in der Savanne ist der Affenbrotbaum (Baobab genannt). Die Buschmenschen zapfen direkt den Wasservorrat im Stamm der Bäume an. Auch Früchte, Samen, Rinde und Blätter werden verwendet. Die Höhlungen des Baobabs werden außerdem als Lager für Getreide und Wasser genutzt.

Die Menschen in Afrika ★

Die Berber

Die Berber sind die ältesten Bewohner der Berge und Wüsten Nordafrikas. Die meisten leben in Dörfern in unwegsamen Bergtälern. Sie ernähren sich von Viehzucht und Ackerbau. In den Tälern lebt man in Häusern, in den Bergen in Zelten aus Kamelhaardecken. Die Berber leben in Großfamilien.

Die Tuareg

Ein großes Berbervolk sind die Tuareg. Einige ziehen noch als Nomaden durch die südliche Sahara. Ihr Besitz sind die Viehherden. Sie leben vom Handel und wohnen in Zelten.
In der Sahelzone werden die Zelte aus Palmwedeln gebaut. In der Wüste bestehen sie aus Schaf- oder Ziegenleder. Die Tuareg der Wüste züchten Kamele, die Tuareg im Sahel halten Ziegen, Schafe und Rinder. Heute lebt etwa eine Million Tuareg in Nordafrika. Sie kämpfen für einen eigenen Staat in Mali.

Die San oder Buschmenschen

Seit mehr als 25 000 Jahren durchstreifen die Jäger und Sammler die Savannen Afrikas. Sie leben in Gruppen von 10 bis 35 Menschen. Sie übernachten in einfachen Hütten, die sie aus Zweigen, Blättern und Gras bauen. Heute haben viele ihr Nomadendasein aufgegeben. Einige arbeiten auf Farmen oder als Fährtenleser.

Die Pygmäen

Die Pygmäen sind Nomaden des Regenwaldes. Sie wissen sehr viel über Pflanzen und Heilkräuter und leben von der Jagd. Außerdem fischen sie, sammeln Honig, wilde Süßkartoffeln, Beeren und andere Pflanzen. Sie bauen Hütten aus Ästen, Palmblättern und Bananenblättern. Die Pygmäen haben eine Körpergröße von etwa 1,50 m. Mit benachbarten Landwirten tauschen sie Waldprodukte für Feldfrüchte und andere Güter oder sie arbeiten für die Bauern.

Die Massai

Ein bekanntes Nomadenvolk in Ostafrika sind die Massai. Sie ziehen mit ihren Viehherden immer dorthin, wo fruchtbares Grasland ist. Sie gelten als mutige Jäger. Das Wichtigste für die Massai ist ihr Vieh. Sie wohnen im Enkang, einer Siedlung, die aus 10 bis 20 flachen Hütten besteht. Sie werden aus Holz, Lehm und Kuhdung gebaut.

Die Bantu

Die Bantu sind viele Stämme, die im südlichen Afrika leben. Ihr Zeichen war der Baum des Lebens, ein friedliches Symbol. Der Haushalt, auch Kraal genannt, bestand aus Mann, Frau oder Frauen, den Kindern sowie Verwandten. Die Bantu waren Hirten, Bauern und Jäger. Dabei waren meist die Frauen für den Ackerbau und die Männer für Vieh und die Jagd verantwortlich. Die Rundhütten haben Wände aus getrocknetem Lehm, die Dächer sind mit Stroh bedeckt.

<u>Aufgabe:</u>

a) *Wo liegt die Sahelzone?*
b) *Erkläre was Nomaden sind.*
c) *Welche Völker lebten in welchen Gebieten Afrikas?*
d) *Wie bauten die verschiedenen Völker ihre Hütten?*

KOHL VERLAG Kontinente an Stationen Grundschule – Bestell-Nr. 12 325

Die Menschen in Afrika ★

Lösungskarte

Aufgabe: a) Die Sahelzone (der Sahel) in Afrika ist die Übergangszone zwischen der Wüste Sahara im Norden und der Feuchtsavanne im Süden.

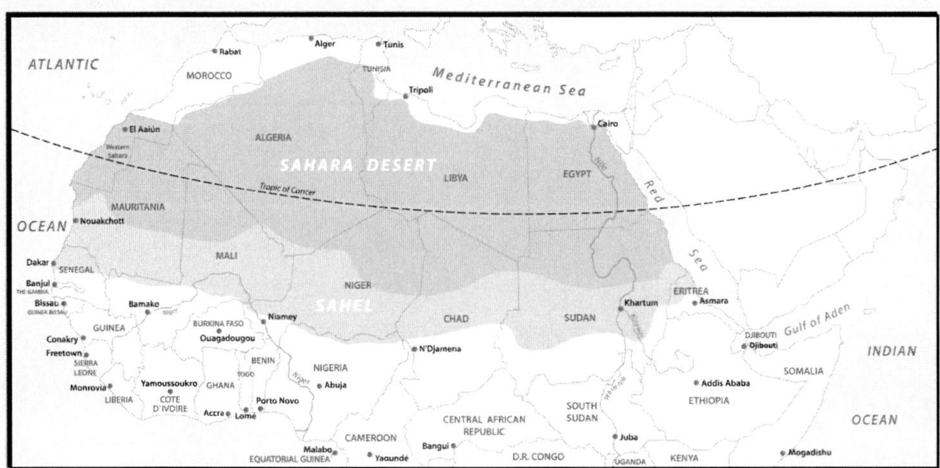

b) Nomaden sind Menschen, die nicht an einem festen Ort wohnen. Sie ziehen von einem Ort zum anderen. Manche Nomaden halten Vieh und wandern mit ihren Herden dorthin, wo es frisches Gras gibt.

Andere Nomaden sind Arbeiter oder Handwerker und bleiben immer dort, wo man sie gerade braucht.

c) und **d)**

Völker	**Gebiet**	**Bauweise**
Berber	Wüsten und Berge Nordafrikas	Im Tal in Häusern, in den Bergen in Zelten aus Kamelhaardecken.
Tuareg	südliche Sahara, Sahelzone	In der Sahelzone Zelte aus Palmwedeln, in der Wüste aus Leder.
San	Savannen	Die Hütten bestehen aus Zweigen, Blättern und Gras
Pygmäen	Regenwald	Hütten aus Ästen, Palmblättern und Bananenblättern.
Massai	Ostafrika	Die Hütten werden aus Holz, Lehm und Kuhdung gebaut.
Bantu	im südlichen Afrika	Die Rundhütten haben Wände aus getrocknetem Lehm, die Dächer sind mit Stroh bedeckt.

Die Tierwelt Afrikas

In Afrika haben die meisten Säugetiere unserer Erde ihre Heimat. Viele Tiere kennen wir aus dem Zoo. In den Regenwäldern leben Gorillas, Waldschweine, Affen und unzählige Vogelarten. Giraffen, Zebras, Affen, Nashörner und Löwen leben in den ausgedehnten Graslandschaften der Savanne. In Afrika gibt es aber auch große Flüsse und Seen, an deren Ufer rosarote Flamingos brüten, nicht zu vergessen die Krokodile! Das schnellste Landlebewesen, der Gepard, und das größte Landlebewesen, der Elefant, sind ebenso hier zu Hause.

Aufgabe: a) *Ordne die folgenden Buchstaben und suche die Tiernamen im Buchstabengitter. (ß = ss)*

FEIFGAR – ÖWEL – BRAZE – LANFETE – FEFA – DILKOROK – ROSAHNN – GARDEP – GLANIMFO – LEGELAZ – DREFPLIN – TRASUSS – LOPITANE – KLINAPE – BICKSPRONG – PAROLED – GAPPAGIE

S	P	R	I	N	G	B	O	C	K	S	G	E	P	A	R	D	A	N
T	A	D	L	K	E	P	B	U	L	P	O	S	G	M	I	L	K	I
R	Y	Z	E	B	R	A	X	P	E	L	I	K	A	N	V	E	R	L
A	N	T	I	L	O	P	E	N	O	Z	E	N	Z	A	T	Z	O	P
U	H	W	O	Ö	G	A	R	I	P	E	J	F	E	S	E	E	K	F
S	K	A	S	W	S	G	I	R	A	F	F	E	L	H	Ö	H	O	E
S	L	F	A	E	S	E	D	N	R	K	L	A	L	O	S	E	D	R
D	Ü	F	T	L	P	I	E	U	D	E	I	F	E	R	U	P	I	D
E	L	E	F	A	N	T	R	H	F	L	A	M	I	N	G	O	L	R

b) *Welche Tiere leben* ***nicht*** *in Afrika? Forsche nach und unterstreiche sie rot. Notiere sie in der Liste und schreibe dazu, auf welchem Kontinent sie leben. Schreibe in dein Heft.*

Eisbär – Gazelle – Pinguin – Elch – Löwe – Flamingo – Tiger – Braunbär – Gepard – Rentier – Känguru – Krokodil – Koala

	Tiername	Lebt in welchem Erdteil?
1	...	...

Kontinente an Stationen Grundschule – Bestell-Nr. 12 325
KOHL VERLAG

Die Tierwelt Afrikas

Lösungskarte

Aufgabe: a) Giraffe, Löwe, Zebra, Elefant, Affe, Krokodil, Nashorn, Gepard, Flamingo, Gazelle, Nilpferd, Strauß, Antilope, Pelikan, Springbock, Leopard, Papagei.

S	P	R	I	N	G	B	O	C	K		G	E	P	A	R	D		N
T						P			L				G				K	I
R		Z	E	B	R	A		P	E	L	I	K	A	N			R	L
A	N	T	I	L	O	P	E		O				Z	A			O	P
U				Ö		A			P				E	S			K	F
S		A		W		G	I	R	A	F	F	E	L	H			O	E
S		F		E		E			R				L	O			D	R
		F				I			D				E	R			I	D
E	L	E	F	A	N	T			F	L	A	M	I	N	G	O	L	

b)

	Tiername	**Lebt in welchem Erdteil?**
1	Eisbär	Asien, Nord-Amerika
2	Pinguin	Antarktis
3	Elch	Europa, Nord-Amerika, Asien
4	Tiger	Asien
5	Braunbär	Nord-Amerika, Europa, Asien
6	Rentier	Nord-Amerika, Europa, Asien
7	Känguru	Australien-Ozeanien
8	Koala	Australien-Ozeanien

Asien – Überblick

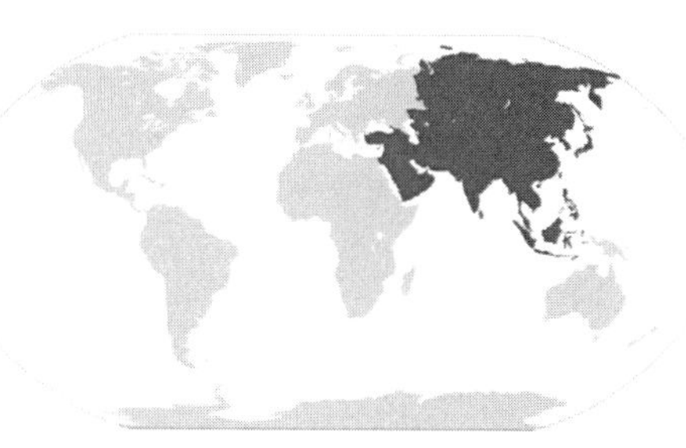

Asien ist der größte Kontinent unserer Welt. Hier leben auch die meisten Menschen der Erde. Vier Milliarden, das sind fast zwei Drittel aller Menschen. Allein schon die Staaten China und Indien haben beide jeweils mehr als eine Milliarde Einwohner.

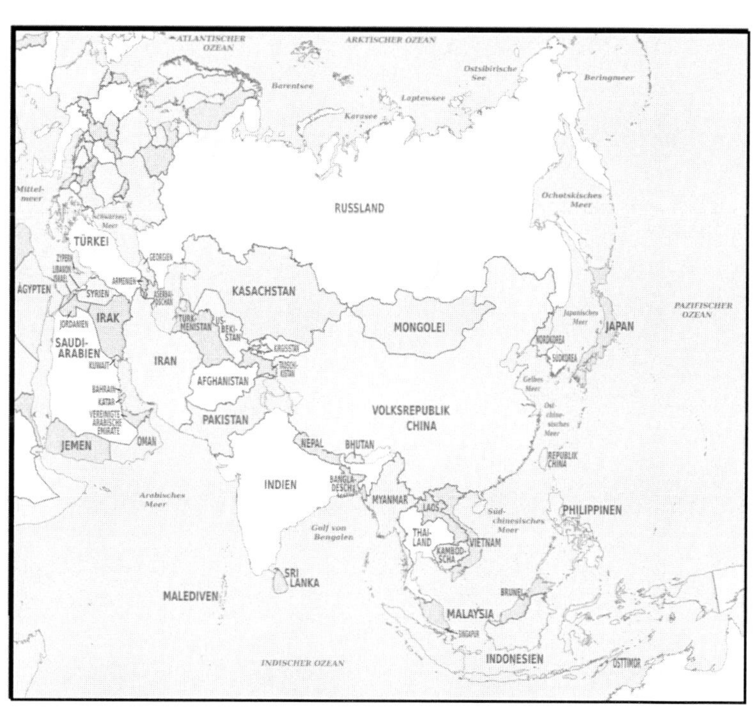

Das größte Land der Erde, Russland, liegt auch zum allergrößten Teil in Asien. Der höchste Berg Asiens ist gleichzeitig der höchste Berg der Erde, der Mount Everest mit 8848 m Höhe. Der längste Fluss ist Chinas Jangtsekiang mit einer Länge von 5500 km. Das größte Gebirge Asiens ist das Himalaya-Gebirge, das Gebiete von Nepal, Tibet, Bhutan und Kaschmir umfasst und mehrere Berge über 8000 m Höhe besitzt.

Der Nahe Osten (Arabische Staaten und Israel) ist beherrscht von vielen Stein- und Sandwüsten und kargen Hochplateaus. Tiefster und ältester Süßwassersee der Erde ist der Baikalsee in Sibirien.

Durch seine enorme Ausdehnung besitzt Asien Anteile an allen Klimatypen der Erde. Während sich in Sibirien die kältesten Gebiete der Erde befinden, erreicht das Thermometer auf der arabischen Halbinsel Rekordwerte. Im Mündungsgebiet des Ganges in Nordostindien fällt der meiste Niederschlag der Erde.

Aufgabe:

a) *Finde auf der Karte: Russland, China, Indien, Japan und Saudi Arabien.*

b) *Nenne denn höchsten Berg und den längsten Fluss Asiens.*

c) *Wo liegt der tiefste und älteste Süßwassersee? Wie heißt er?*

d) *Welche Länder haben die meisten Einwohner? Wie viele sind es jeweils? Forsche nach.*

KOHL VERLAG
Kontinente an Stationen Grundschule – Bestell-Nr. 12 325

Lösungskarte

Asien – Überblick

Aufgabe: a)

ATLANTISCHER OZEAN
ARKTISCHER OZEAN
Barentsee
Karasee
Laptewsee
Ostsibirische See
Beringmeer
Mittelmeer
Schwarzes Meer
Ochotskisches Meer
RUSSLAND
TÜRKEI
ZYPERN
LIBANON
ISRAEL
ÄGYPTEN
SYRIEN
GEORGIEN
ARMENIEN
ASERBAIDSCHAN
KASACHSTAN
MONGOLEI
JORDANIEN
IRAK
SAUDI-ARABIEN
KUWAIT
IRAN
TURKMENISTAN
USBEKISTAN
KIRGISISTAN
TADSCHIKISTAN
AFGHANISTAN
PAKISTAN
BAHRAIN
KATAR
VEREINIGTE ARABISCHE EMIRATE
OMAN
JEMEN
Japanisches Meer
JAPAN
PAZIFISCHER OZEAN
NORDKOREA
SÜDKOREA
Gelbes Meer
Ostchinesisches Meer
VOLKSREPUBLIK CHINA
NEPAL
BHUTAN
REPUBLIK CHINA
INDIEN
BANGLADESCH
MYANMAR
LAOS
Arabisches Meer
Golf von Bengalen
Südchinesisches Meer
PHILIPPINEN
THAILAND
KAMBODSCHA
VIETNAM
SRI LANKA
MALEDIVEN
BRUNEI
MALAYSIA
SINGAPUR
INDISCHER OZEAN
INDONESIEN
OSTTIMOR

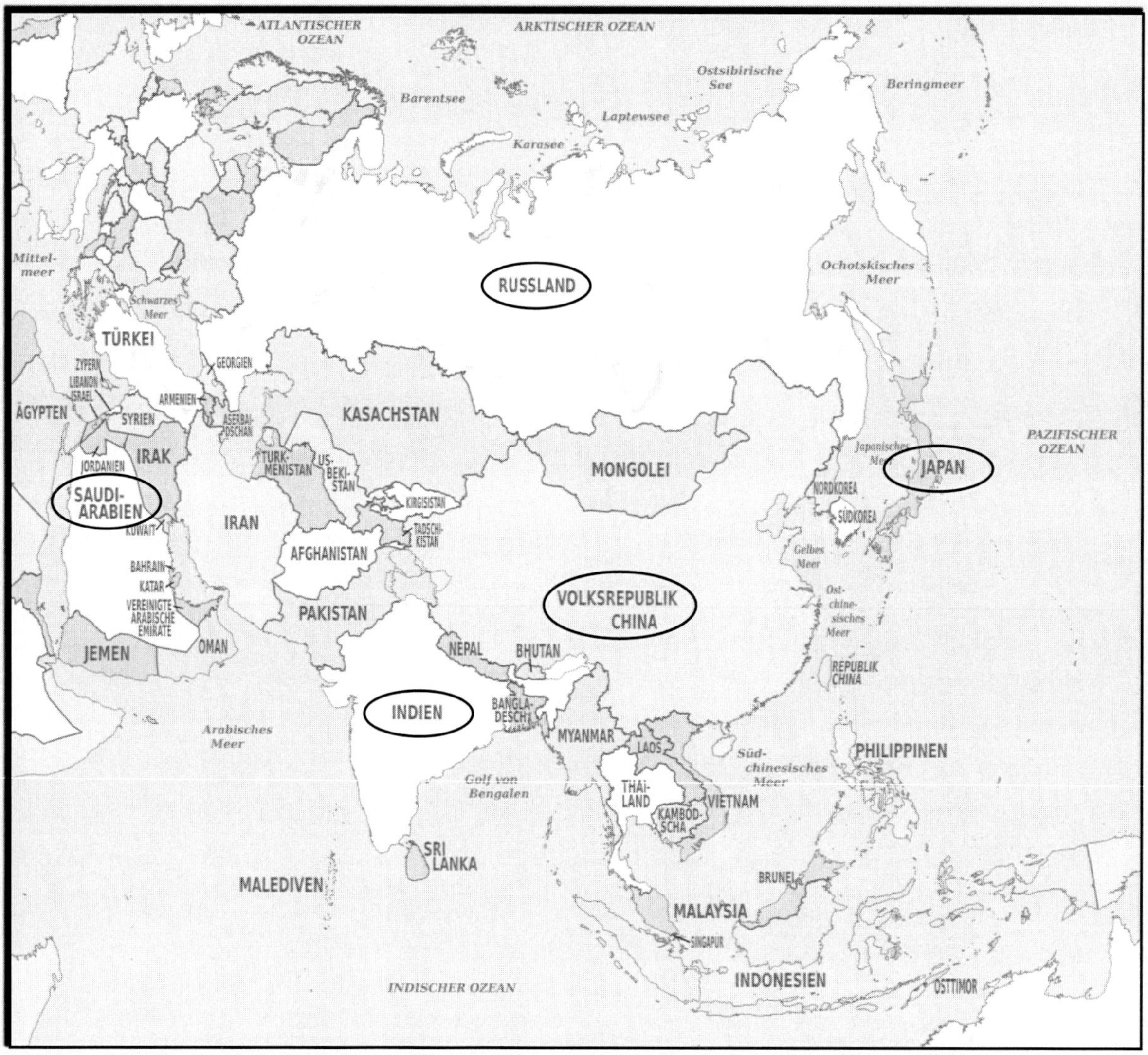

b) Der höchste Berg ist der Mount Everest im Himalaya Gebirge. Der längste Fluss ist der Jangtsekiang in China.

c) Tiefster und ältester Süßwassersee der Erde ist der Baikalsee in Sibirien.

d) Die meisten Einwohner haben China und Indien. China bringt es auf gut 1,4 Milliarden Menschen, Indien hat knapp 1,4 Milliarden Einwohner.

Klima, Tiere und Pflanzen

In Asien findet man alle Klima- und Vegetationszonen. Die Zonen wechseln vom Dauerfrostboden Sibiriens bis zum heißen Dschungel in Südostasien. Von Nord nach Süd gibt es folgende Gebiete: Tundra, Taiga, Wüste, Steppe, Laubwälder, Savannen und tropischen Regenwald. Savannen sind weite Grasflächen, in denen einzelne Bäume stehen. Sie liegen zwischen den Regenwäldern und den Wüsten. Als Steppe bezeichnet man eine weite, baumlose Ebene mit Gräsern und Kräutern.

Aufgabe: a) *Findet zu den verschiedenen Landschaften und Tieren Bilder (Zeitschriften, Internet). Schneide die Kärtchen aus und gestaltet zu jeder Landschaft eine Seite.*

Die baumlose **Tundra** liegt nördlich des Polarkreises. Die Bewohner sind Nomaden. Sie leben dort mit ihren Rentieren.

Die **Taiga** ist ein Nadelwald, es gibt Luchse, Elche, Vielfraße, Wildschweine, Wölfe, Schwarz- und Braunbären.

Laubwälder findet man im Fernen Osten. Dort leben die seltenen Amurtiger und Amurleoparden, dazu Hirsche, Wildschweine, Luchse und Bären.

Die **Wüsten** sind Heimat von Halbeseln, Wildkamelen, Geparden und Gazellen.

Savannen gibt es in Indien und Südostasien. Löwen, Hirsche und Antilopen leben dort.

In den **Steppen** leben Wildpferde, Saiga-Antilopen, Gazellen und Wölfe.

Um den Äquator finden wir den **Regenwald**. Hier leben Affen, Elefanten, Tiger und Schlangen.

b) *Ist das richtig oder falsch?*

		richtig	falsch
1	In der Tundra leben Elefanten.		
2	Die Wüsten sind die Heimat von Eseln und Kamelen.		
3	In den Steppen leben viele Wildpferde und Wölfe.		
4	Die Taiga ist ein Wald von Laubbäumen und Palmen.		
5	Im fernen Osten und in Indien gibt es Tiger.		
6	In den warmen Savannen leben Elche und Bären.		
7	Im Regenwald leben Affen und Schlangen.		

KOHL VERLAG Kontinente an Stationen Grundschule – Bestell-Nr. 12 325

Klima, Tiere und Pflanzen 

Lösungskarte

Aufgabe: a)

b)

		richtig	falsch
1	In der Tundra leben Elefanten.		✓
2	Die Wüsten sind die Heimat von Eseln und Kamelen.	✓	
3	In den Steppen leben viele Wildpferde und Wölfe.	✓	
4	Die Taiga ist ein Wald von Laubbäumen und Palmen.		✓
5	Im fernen Osten und in Indien gibt es Tiger.	✓	
6	In den warmen Savannen leben Elche und Bären.		✓
7	Im Regenwald leben Affen und Schlangen.	✓	

Asiens berühmteste Sehenswürdigkeiten

!

Aufgabe: a) *Natürlich kann man hier nur eine kleine Zahl von den vielen Sehenswürdigkeiten dieses riesigen Kontinents aufführen. Verbindet die Bilder mit den richtigen Texten.*

Die **Chinesische Mauer** ist die längste Mauer, die je gebaut wurde. Über die Länge der Mauer wird gestritten. Errichtet wurde sie als Grenzbefestigung, die das Kaiserreich vor nomadischen Reitervölkern schützen sollte. Sie ist das größte Bauwerk der Welt, das von Menschen erschaffen wurde.

Taj Mahal. In Indien befindet sich das schönste Grabmal der Welt. Der Großmogul Shah Jahan ließ den 58 m hohen Bau ab dem Jahr 1631 für seine verstorbene Frau errichten. Etwa 20.000 Arbeiter waren damit 17 Jahre beschäftigt. Das Baumaterial für die Kuppeln und Torbögen besteht aus Marmor.

Angkor Wat in Kambodscha. Der Angkor Wat Tempel wurde vom Khmer-König Suryavarnam II. im 12. Jahrhundert gebaut, zunächst als hinduistischer Tempel. Die riesige Tempelanlage steht mitten im Urwald Kambodschas.

Der **Burj Khalifa** in der Stadt Dubai, in den Vereinigten Arabischen Emiraten ist 828 Meter hoch. Es ist zurzeit (2020) das höchste Bauwerk der Welt. Dort befinden sich Wohnungen, Hotels und Büros.

Der **Mount Everest** ist ein Berg im Himalaya und mit einer Höhe von 8.848 m der höchste Berg der Erde. Er gehört zu den 14 Achttausendern und zu den Seven Summits (Sieben Gipfeln).

Der **Fuji** (auch **Fudschijama** genannt) ist ein Vulkan und mit 3.776 m Höhe über dem Meeresspiegel der höchste Berg Japans. Sein Gipfel befindet sich auf der japanischen Hauptinsel Honshū.

b) *Was könnt ihr über die Seven Summits herausfinden?*

c) *Sicher findet ihr noch weitere Attraktionen auf diesem großen Kontinent. Berichtet darüber.*

KOHL VERLAG Kontinente an Stationen Grundschule – Bestell-Nr. 12 325

Lösungskarte

Asiens berühmteste Sehenswürdigkeiten

Aufgabe: a)

b) Mit den Seven Summits (Sieben Gipfeln) meint man den höchsten Berg jedes Kontinents, also nicht die 7 höchsten Berge der Erde. Da die Grenzen der Kontinente nicht immer klar sind, ist es manchmal umstritten, welcher Berg auf welchem Kontinent liegt.

Kontinent	Berg	Höhe
Afrika	Kibo	5 895 m
Asien	Mount Everest	8 848 m
Europa	Mont Blanc/Elbrus	4 810m/5 642m
Nordamerika	Denali	6 190 m
Südamerika	Aconcagua	6 961 m
Australien-Ozeanien	Puncak Jaya	4 884 m
Antarktis	Mont Vinson	4 892 m

c) eigene Antworten

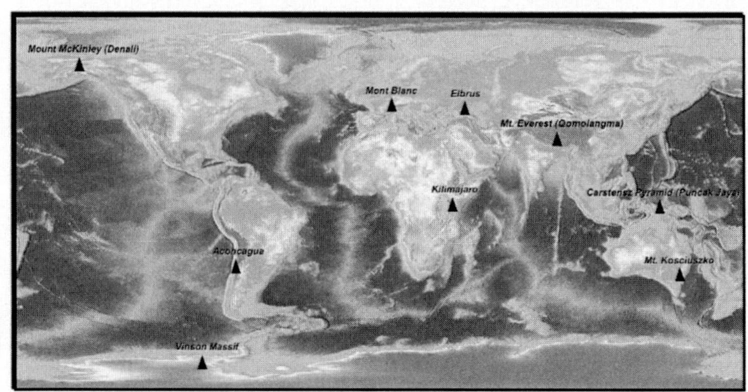

Russland und China

!

Russland ist das größte Land der Erde. Ein Teil zählt zu Europa, der größte Teil zu Asien. Der Ural, ein Gebirge, bildet die Grenze zwischen Europa und Asien.

Die meisten großen Städte liegen im europäischen Teil des Landes: Die Hauptstadt Moskau mit über 12 Mio. Einwohnern ist die größte. Weitere sind St. Petersburg, die frühere Hauptstadt, Rostow und Nischni Nowgorod. Im asiatischen Teil sind Jekaterinburg, Nowosibirsk und Wladiwostok große Städte.

Sibirien liegt im Norden des Landes und gehört teilweise zur Arktis. Dort ist es sehr kalt und es leben nur wenige Menschen dort. Südlich davon liegen die Tundra, die Taiga, Steppen oder Wüsten und Gebirge. Der Baikalsee ist der tiefste und älteste See der Erde. Er ist mehr als 620 Kilometer lang und über 1600 m tief.

Russland besitzt viele Bodenschätze wie Erdöl und Erdgas. Die Transsibirische Eisenbahn, kurz Transsib genannt, ist die Hauptverkehrsachse Russlands und mit 9 288 km die längste Eisenbahnstrecke der Welt. Auf der gesamten Strecke von der Hauptstadt Moskau nach Wladiwostok am Pazifik werden 400 Bahnhöfe passiert; eine Fahrt dauert etwa sechs Tage. Seit 1916 gibt es diese Verbindung, die als wichtiger Handelsweg galt.

China ist das viertgrößte Land der Erde. In der Hauptstadt Peking finden sich moderne und historische Gebäude wie der Palast der Verbotenen Stadt und der Tian'anmen-Platz. Shanghai ist ein Finanzzentrum und hat so viele Einwohner wie Österreich und die Schweiz zusammen.

Die Chinesen blicken auf eine alte Kultur zurück. In China wurden z. B. Papier, Porzellan, Seide und Schießpulver erfunden. Heute wird in der Volksrepublik China viel angebaut (Weizen, Mais, Reis, Kartoffeln, Äpfel) und hergestellt (Kleidung, Elektrogeräte).

Die größten Flüsse sind der Jangtsekiang (Langer Fluss) und der Huanghe (Gelber Fluss). In den Ebenen und an den Flüssen liegen die größten Städte Chinas, wie Shanghai, Peking, Hongkong und Chongqing.

Das berühmteste Tier ist der Große Panda, der nur hier lebt. Aus Tibet kommt der Yak, ein Rind mit einem zottligen Fell. Im Osten halten sich die Menschen Trampeltiere. Im Norden lebt der Sibirische Tiger (Amurtiger), der größte Tiger der Welt.

<u>Aufgabe:</u> *Ordne die folgenden Orte und Begriffe richtig zu: Russland oder China?*

Shanghai – Transsib – Wladiwostok – Hongkong – Sibirien – Amurtiger – Rostow – Tundra – Verbotene Stadt – Langer Fluss – Taiga – Erfindung Papier – Peking – Baikalsee – Großer Panda – Uralgebirge

Kontinente an Stationen Grundschule – Bestell-Nr. 12 325
KOHL VERLAG

Russland und China

Lösungskarte

<u>Aufgabe:</u>

Russland	China
Transsib	Shanghai
Wladiwostok	Hongkong
Sibirien	Amurtiger
Rostow	Verbotene Stadt
Tundra	Langer Fluss
Taiga	Erfindung Papier
Baikalsee	Peking
Uralgebirge	Großer Panda

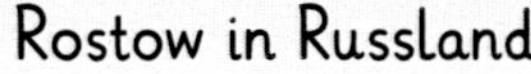

Rostow in Russland

Guiyang in China

Indien und Japan ★

Indien liegt im Süden Asiens. Dort leben über eine Milliarde Menschen. Die Hauptstadt heißt Neu Delhi. Sie hat zusammen mit ihrem Umland über 16 Mio. Einwohner. Noch größer ist jedoch Mumbai mit über 18 Mio. Einwohnern. In Indien leben viele unterschiedliche Völker mit ihren Sprachen und Kulturen.

Mehr als die Hälfte der Inder sind Bauern. Auf riesigen Plantagen baut man Kaffee, Tee und Baumwolle an. Davon wird das meiste ins Ausland verkauft. Andere Bauernhöfe sind sehr klein, die Bauern können gerade so von ihrer Arbeit leben. Es wird viel Fisch gefangen.

Ein Hindu darf keine Kühe essen. Trotzdem sieht man in Indien sehr viele Rinder und Wasserbüffel: Sie liefern Milch und arbeiten als Zugtiere.

In Indien gibt es Bodenschätze wie Erdöl, Kohle und Metalle. Man stellt Stahl und Maschinen her. Viele Kleidungsstücke werden in indischen Fabriken gefertigt. Auch Software für Computer kommt mehr und mehr aus Indien.

Japan liegt auf vier großen und vielen kleineren Inseln. Das Inselreich hat einen Kaiser, auf Japanisch „Tenno". Der japanische Name für das Land, Nippon, bedeutet „Land der aufgehenden Sonne". Der höchste Berg ist der Vulkan Fuji mit 3776 m Höhe. Er ist zwar seit Jahrhunderten nicht mehr ausgebrochen, aber in der Gegend um den Fuji gibt es viele Erdbeben.

Tokio ist die Hauptstadt von Japan. Im Ballungsgebiet um Tokio leben fast 37 Mio. Menschen. Damit ist Tokio die größte „Metropol-Region" der Welt. Weitere große Städte sind Osaka, Yokohama und Sapporo. Das Land hat eine starke Wirtschaft und stellt viele Dinge her (Autos, Computer und Elektrogeräte ...).

<u>**Aufgabe:**</u>

a) *Finde im Gitter 17 Begriffe, die zu Indien oder Japan gehören.*

b) *Ordne die Begriffe den passenden Ländern zu.*

A	N	E	D	B	Z	B	A	U	M	W	O	L	L	E	E	G	Y
N	E	P	L	A	N	T	A	G	E	N	A	T	H	E	R	E	O
F	U	J	I	U	C	V	E	T	E	N	N	O	C	K	D	R	K
E	D	V	E	E	M	U	M	B	A	I	G	K	E	R	B	B	O
T	E	E	F	R	A	L	V	A	M	D	E	I	N	S	E	L	H
E	L	U	L	N	I	K	A	I	S	E	R	O	E	D	B	I	A
I	H	S	R	T	W	A	S	S	E	R	B	Ü	F	F	E	L	M
F	I	S	C	H	E	N	E	S	A	P	P	O	R	O	N	T	A

KOHL VERLAG
Kontinente an Stationen Grundschule – Bestell-Nr. 12 325

Indien und Japan

Lösungskarte

Aufgabe: a)

	N			B		B	A	U	M	W	O	L	L	E	E		Y
	E	P	L	A	N	T	A	G	E	N		T			R		O
F	U	J	I	U		V		T	E	N	N	O			D		K
	D			E	M	U	M	B	A	I		K			B		O
T	E	E		R		L						I	N	S	E	L	H
	L			N		K	A	I	S	E	R	O			B		A
	H				W	A	S	S	E	R	B	Ü	F	F	E	L	M
F	I	S	C	H	E	N		S	A	P	P	O	R	O	N		A

b)

Indien	Japan
Neu Delhi	Vulkan
Baumwolle	Tokio
Plantagen	Erdbeben
Fische	Tenno
Tee	Insel
Wasserbüffel	Kaiser
Mumbai	Yokohama
Bauern	Sapporo

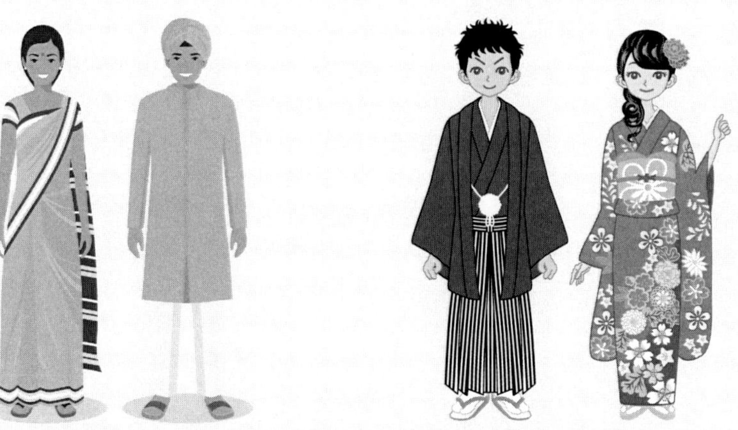

In Indien wird traditionell der Sari getragen, in Japan der Kimono.

Was gehört zum Kontinent?

Auf dem nordamerikanischen Kontinent befinden sich drei große Staaten, nämlich Kanada, Mexiko und die Vereinigten Staaten von Amerika (USA). Auch viele kleine Inseln gehören zu diesem Kontinent. Der Landstreifen zwischen Nord- und Südamerika wird Mittelamerika genannt und zu Nordamerika gezählt. Die größte Stadt ist Mexiko-Stadt in Mexiko.

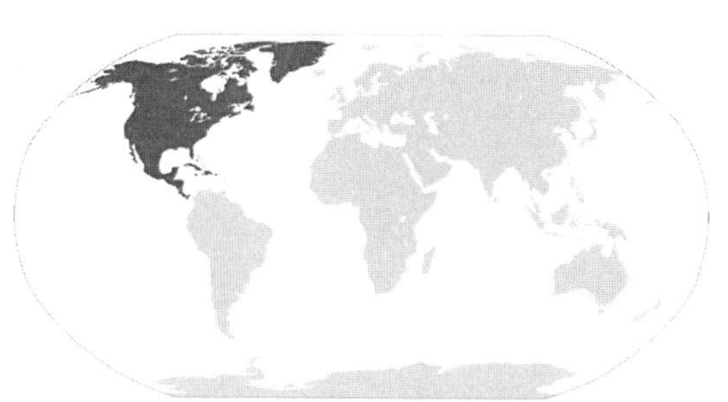

Im Westen befinden sich die die Rocky Mountains. Höchster Gipfel Nordamerikas ist der in der Denali liegende Mount McKinley (6190 m). Im Norden sind Grönland mit seinem Inlandeis und weiter südlich zwischen Kanada und den USA die Großen Seen erwähnenswert. Hier befindet sich der nach dem Kaspischen Meer zweitgrößte See der Welt, der Obere See. Auf der östlichen Seite finden sich die Appalachen, die zu den älteren Gebirgen der Welt gehören. Zwischen den Appalachen und den Rocky Mountains liegen die Great Plains, eine Tiefebene, durch die der Missouri River und der Mississippi River fließen.

In Nordamerika gibt es alle Klimazonen der Erde – von den Polarregionen bis zu den Wüstengebieten. Hier gibt es noch unberührte Natur, aber auch riesige Städte. Bevor die ersten europäischen Auswanderer den Kontinent im 15. Jahrhundert besiedelten, lebten in Nordamerika ausschließlich Ureinwohner.

An der Westküste Nordamerikas findet man ganz besondere Bäume, die Mammutbäume. Sie sind die höchsten Bäume der Welt und werden bis zu 112 Meter hoch.

Aufgabe:

a) *Welche 3 großen Länder zählen zu Nordamerika?*

b) *Forsche nach und nenne ihre Hauptstädte.*

c) *Welche Ozeane liegen um Nordamerika?*

d) *Wie nannte man die Ureinwohner Nordamerikas?*

e) *Welche dieser Städte liegen nicht in Nordamerika?*

New York – Paris – Toronto – Mexico Stadt – Vancouver – London – Montreal – Athen – Chicago – Edmonton – Rio de Janeiro – Ottawa – Los Angeles – Lissabon – Washington – Boston – Rom – Las Vegas – Dallas

Was gehört zum Kontinent?

Lösungskarte

<u>Aufgabe</u>:

a) In Nordamerika liegen Kanada, die Vereinigten Staaten von Amerika (USA) und Mexiko.

b) Die Hauptstadt von Kanada ist Ottawa.
Die Hauptstadt der USA ist Washington.
Die Hauptstadt Mexikos heißt Mexiko Stadt.

c) Um Nordamerika liegen der Atlantische Ozean, der Pazifische Ozean und das Nordpolarmeer (Arktischer Ozean).

d) Die Ureinwohner Amerikas waren die Indianer.

e) Nicht in Nordamerika liegen: Paris, London, Athen, Rio de Janeiro, Lissabon und Rom.

Riesenmammutbaum

Bekannte Orte – Wo liegt was?

Aufgabe: *Hier siehst du bekannte Orte von Nordamerika. Ordne den Bildern den richtigen Namen zu. Forsche nach und notiere zu jedem 2 bis 3 Sätze.*

Niagarafälle
USA – Kanada

Empire State Building
New York, USA

Freiheitsstatue
New York, USA

Weißes Haus
Washington D.C. USA

Golden Gate Bridge

San Francisco, USA

Chichén Itzá
Yukatán, Mexiko

Grand Canyon
Arizona, USA

Mount Rushmore
National Memorial
South Dakota/USA

Kontinente an Stationen
Grundschule – Bestell-Nr. 12 325
KOHL VERLAG

Bekannte Orte – Wo liegt was?

Kapitel 5 – Nordamerika

Lösungskarte

Aufgabe:

Empire State Building
Das Empire State Building wurde 1931 eröffnet. Lange war es mit seinen 443 Meter das höchste Gebäude der Welt. Im Mai 2013 wurde es jedoch durch das One World Trade Center mit einer Höhe von 541 Metern übertroffen. Die Räume der 102 Stockwerke werden meist als Büros genutzt.

Golden Gate Bridge
Die 2,7 km lange Brücke überspannt die Einfahrt zur San Francisco Bay. Gebaut wurde sie von 1933 bis 1937 und hielt bis ins Jahr 1964 den Rekord der längsten Hängebrücke der Welt. Jeden Tag fahren mehr als 100 000 Fahrzeuge über die Brücke.

Niagarafälle
Die Niagarafälle sind die bekanntesten und größten Wasserfälle Nordamerikas. Sie liegen an der Grenze der USA zu Kanada. Der Niagara-Fluss stürzt an dieser Stelle über drei Fälle 57 Meter in die Tiefe.

Chichén Itzá
Die Ruinenstätte liegt auf der mexikanischen Halbinsel Yukatán. Vom 8. bis 11. Jahrhundert erlebte die Maya-Stadt ihre Blütezeit. Doch schon wenige hundert Jahre später, noch bevor die spanischen Eroberer in Mexiko eintrafen, verschwanden die Maya. Urwald überwucherte die verlassene Stadt. Erst Ende des 19. Jahrhunderts wurde sie wieder entdeckt.

Mount Rushmore National Memorial
Hier befindet sich eine Gedenkstätte, die aus riesigen Porträtköpfen der vier bedeutendsten US-Präsidenten besteht. Dargestellt sind hier von links nach rechts die Präsidenten George Washington, Thomas Jefferson, Theodore Roosevelt und Abraham Lincoln. Jedes Gesicht ist mehr als 18 Meter hoch.

Weißes Haus
Das Weiße Haus ist Amts- und offizieller Regierungssitz des Präsidenten der Vereinigten Staaten. Der erste Präsident der Vereinigten Staaten, George Washington, gab den Bau in Auftrag. Am 1. November 1800 wurde das Weiße Haus erstmals genutzt.

Grand Canyon
Der Grand Canyon (Große Schlucht) ist etwa 450 km lang und bis zu 1 800 m tief. Bereits vor über 3 000 Jahren lebten Menschen in der Gegend des Grand Canyon. Die Indianer waren Jäger und Sammler. Sie wohnten in Lehmhütten und bauten ihre Behausungen in die Wände der Schlucht (Pueblos).

Freiheitsstatue
Die Freiheitsstatue ist das Wahrzeichen von New York. 2011 feierte sie ihr 125 - jähriges Jubiläum. Die Statue steht auf Liberty Island im New Yorker Hafen und war ein Geschenk des französischen Volkes an die Vereinigten Staaten.

Weltmacht USA ★

Mit fast zehn Millionen Quadratkilometern sind die USA das drittgrößte Land der Welt. Mehr als 300 Millionen Menschen leben in den USA. Das Land besteht aus 50 Bundesstaaten.

Die Flagge zeigt 13 Streifen für die 13 Gründungskolonien. Für jedes Land der USA steht ein Stern – ergibt 50 Sterne. Die Flagge wird auch Sternenbanner genannt.

George Washington wurde 1789 der erste Präsident nach dem Amerikanischen Unabhängigkeitskrieg. Durch die Ausbreitung der Siedler im Land und ständige Einwanderung - vor allem aus Europa - gewannen die Vereinigten Staaten seit Ende des 19. Jahrhunderts immer mehr Einfluss auf die Weltpolitik. Die USA gelten heute als das mächtigste Land der Welt. Die Hauptstadt ist Washington, regiert wird im Kapitol.

Grunde fur die gute Wirtschaftslage sind der Reichtum an Bodenschätzen. Dazu sind fruchtbare Böden und ein überwiegend gemäßigtes Klima gut für die Landwirtschaft. Hinzu kommt aber auch, dass die hohe Einwohnerzahl eine große Anzahl an Käufern und an Arbeitskräften hervorbringt. Doch immer wieder haben sich die Vereinigten Staaten in das eingemischt, was in der Welt passiert – auch in Kriege. Das gefällt nicht allen. Die USA sollte sich besser mehr für Ziele wie Frieden und Klimaschutz einsetzen.

Donald Trump hat im Januar 2017 Barack Obama als US-Präsidenten abgelöst.

Trump ist sehr umstritten. Er hat in der Zeit des Wahlkampfs viele beleidigende Aussprüche z.B. gegen Frauen und Mexikaner von sich gegeben. Trump ist der einzige Präsident, der vor Amtsantritt keinerlei politische Erfahrung hatte. Sein wichtigstes Ziel ist es, die USA „wieder groß" zu machen, er nennt dies „Make America great again". Damit richtet er sich klar gegen die Globalisierung. Er sagt, dass amerikanische Firmen ihre Produkte auch in den USA herstellen sollen und Bürger der USA anstellen und bezahlen sollen.

Er verkündete den Bau einer Mauer an der Grenze zu Mexiko, damit weniger Einwanderer in die USA kommen. Er wollte auch Obamacare abschaffen. Das ist ein vom Präsidenten Obama eingeführtes Gesundheits-Programm. Außerdem behauptet er, dass es den Klimawandel nicht gibt.

Aufgabe:

a) *Welche beiden Länder sind größer als die USA?*

b) *Wie hieß der erste Präsident der USA?*

c) *Wie nennt man die Flagge auch?*

d) *Welche Gründe gibt es für die gute Wirtschaftslage in den USA?*

e) *Aus wie vielen Bundesstaaten besteht die USA?*

f) *Was verstehst du unter „Globalisierung"?*

KOHL VERLAG
Kontinente an Stationen
Grundschule – Bestell-Nr. 12 325

Weltmacht USA ★

Kapitel 5 – Nordamerika

Lösungskarte

Aufgabe:

a) Nur Kanada und Russland sind noch größer als die Vereinigten Staaten.

b) Der erste Präsident der USA hieß George Washington.

c) Die Flagge wird auch Sternenbanner genannt.

d) Gründe für die gute Wirtschaftslage sind der Reichtum an Bodenschätzen, wie fruchtbare Böden und ein überwiegend gemäßigtes Klima. Die hohe Einwohnerzahl bringt eine große Anzahl an Käufern und an Arbeitskräften hervor.

e) Die USA besteht aus 50 Bundesstaaten.

f) Globalisierung ist die zunehmende weltweite Vernetzung von Nationen in allen Bereichen (z.B. Politik, Wirtschaft, Kommunikation und Kultur).

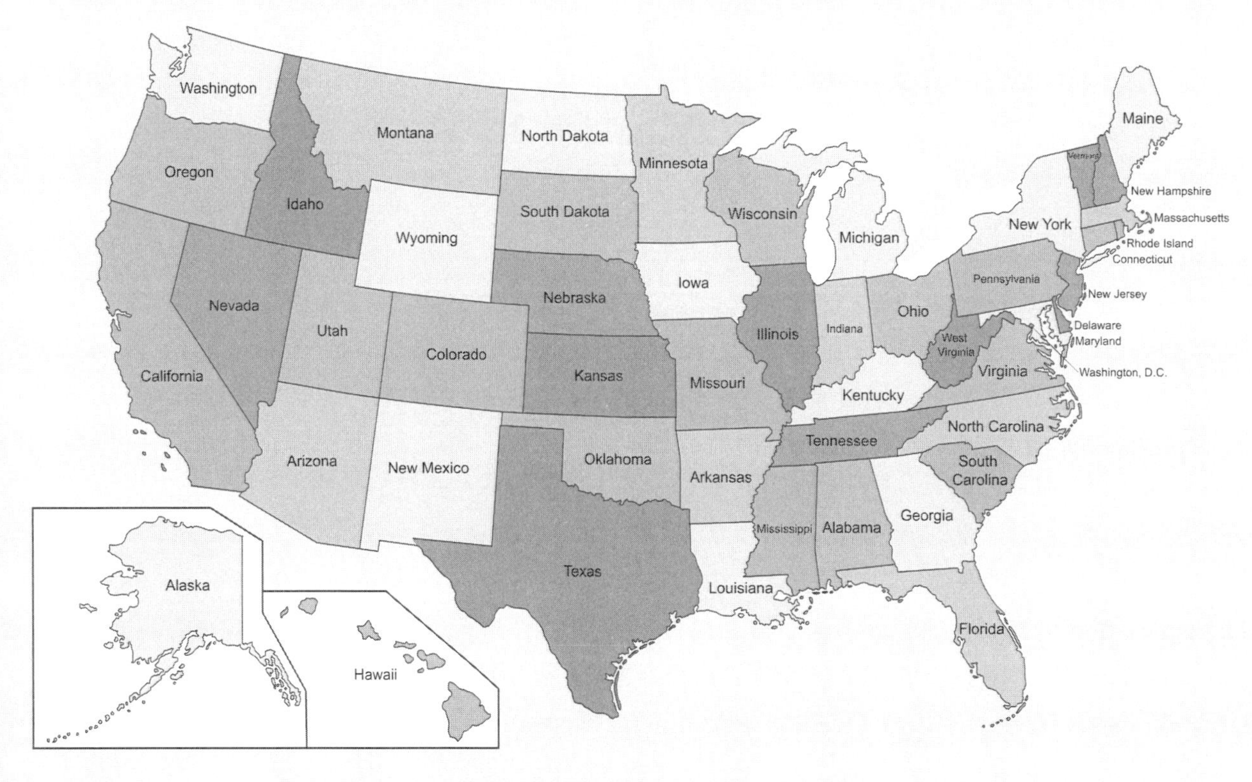

Tiere in Nordamerika

Das größte Tier Nordamerikas ist der Bison, auch Indianerbüffel genannt. Früher besiedelten große Herden die Prärien Nordamerikas. Heute leben diese Tiere nur noch unter Artenschutz in Naturschutzgebieten. Sie waren Hauptnahrung und gleichzeitig Existenzgrundlage der Indianer. Zweitgrößtes Tier ist der Elch. Er ist hauptsächlich im Nordwesten und Nordosten der USA und in Kanada anzutreffen.

Von den Schwarz- und Braunbären, wozu auch die Grizzlys und Kodiakbären gehören, bis hin zu den in Alaska lebenden Eisbären gibt es in Nordamerika die verschiedensten Bärenarten.

In mehreren Arten kommen Skunks (Stinktiere) in den gemäßigten Teilen Nordamerikas vor.

Weitere besondere Tiere sind Karibus, Moschusochsen und Wapitis. Das Opossum ist ein besonderes Tier Nordamerikas. Die Beutelratte ist weit verbreitet. Da sie sich bei Bedrohung tot stellt, hat das Opossum sogar die Sprache mit der Redewendung „play the oppossum" geprägt.

Aufgabe: a) *Schau in ein Tierlexikon oder ins Internet: wie heißen diese Tiere?*

 ______________ ______________ ______________

______________ ______________

b) *Was weißt du über Waschbär, Alligator, Puma und Weißkopfseeadler? Berichte über Größe, Nahrung und Lebensraum.*

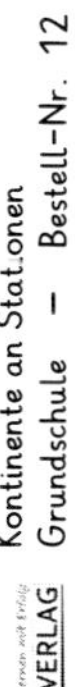

Tiere in Nordamerika 

Lösungskarte

Aufgabe: a)

b) Der Waschbär ist ein sehr angepasster Allesfresser, der in Nordamerika beheimatet ist. Er wiegt 2 - 10 kg und wird 60 - 90 cm lang. Er lebt in Wäldern, Sümpfen, Prärien und auch in Städten. Er frisst Flusskrebse, Frösche, Mäuse, Insekten, Eier, Früchte, Beeren und Mais.

Der Alligator lebt in Seen, Flüssen, Teichen und Sümpfen, die im Südosten der USA, in Staaten wie Florida, Texas und Louisiana liegen. Er wird 3 - 4,5 m lang und wiegt um 1 000 kg. Seine Nahrung besteht aus Fischen, Schildkröten, Schlangen, kleinen Säugetieren, verwesendem Fleisch und selten sogar Menschen.

Der Weißkopfseeadler ist seit 1782 das Symbol der Vereinigten Staaten. Er wird etwa 1 m lang und wiegt zwischen 4 und 7 kg. Sein Lebensraum ist in der Nähe von Gewässern, Küsten und Seen, wo Fische reichlich vorhanden sind, aber auch kleine Säugetiere. Alaska, Kanada, Florida, Michigan und Kalifornien sind Orte, an denen er am häufigsten zu sehen ist.

Der Puma wird auch Berglöwe genannt. Er wird 1 - 2 m lang und wiegt um die 70 kg, Weibchen sind leichter. Er lebt im Westen der USA und in Florida. In Nordamerika zählen Elche, Hirsche und Rentiere zu den Beutetieren des Pumas, aber auch Mäuse, Ratten, Erdhörnchen, Skunks, Waschbären, Biber und Opossums sowie Schafe und junge Rinder.

Südamerika – Überblick und Staaten

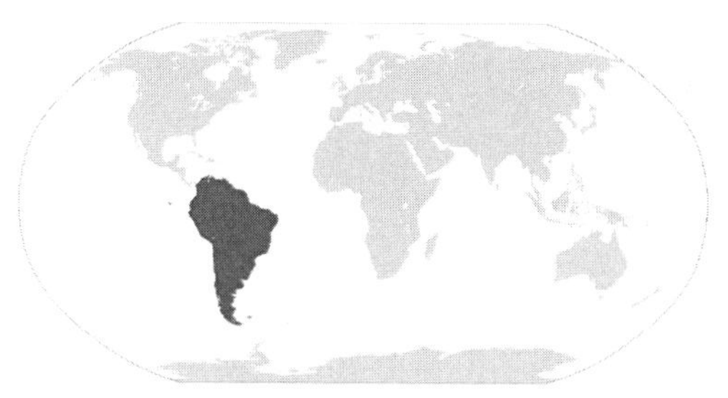

Mehr als die Hälfte des Kontinents besteht aus tropischen Gebieten. Das bekannteste ist das Amazonasbecken. Im westlichen Teil Südamerikas liegen die Anden. Sie sind mit 7500 km die längste Gebirgskette der Erde. Aconcagua, der höchste Berg der Anden, ist 6959 m hoch und liegt zwischen Argentinien und Chile.

Zwischen Anden und Pazifik in Nordchile liegt die extrem trockene Atacama-Wüste.

Das Bergland von Guyana befindet sich im Nordosten Südamerikas.

Im Süden schließt sich das Amazonasbecken an. Dort fließt der Amazonas. Mit fast 7000 Kilometern zählt er als der längste Fluss der Welt. Die Inselgruppe Feuerland liegt an der Südspitze. Sie wird durch die Magellanstraße vom Festland getrennt.

Südamerika hat 12 Staaten und 3 abhängige Gebiete und Inseln. Das größte Land ist Brasilien. Dort liegt auch die größte Stadt des Kontinents: Sao Paulo.

Die Staaten und die Hauptstädte

Aufgabe: a) *Nimm einen Atlas oder eine Karte und ergänze – entweder den Staat oder die Hauptstadt.*

	Land	Hauptstadt
1	✎ ______	Buenos Aires
2	Bolivien	______
3	______	Brasilia
4	Chile	______
5	Kolumbien	______
6	______	Quito
7	______	Georgetown
8	Paraguay	______
9	______	Lima
10	Suriname	______
11	______	Montevideo
12	Venezuela	______

b) *Nenne 5 Landschaften Südamerikas.*

Kontinente an Stationen Grundschule – Bestell-Nr. 12 325
KOHL VERLAG

Südamerika – Überblick und Staaten

Lösungskarte

Aufgabe: a)

	Land	Hauptstadt
1	Argentinien	Buenos Aires
2	Bolivien	Sucre – La Paz
3	Brasilien	Brasilia
4	Chile	Santiago de Chile
5	Kolumbien	Bogota
6	Ecuador	Quito
7	Guyna	Georgetown
8	Paraguay	Asunción
9	Peru	Lima
10	Suriname	Paramaribo
11	Uruguay	Montevideo
12	Venezuela	Caracas

b) 1. Amazonasbecken
2. Atacamawüste
3. Anden
4. Bergland von Guyana
5. Feuerland

Amazonasbecken

Atacamawüste

Anden

Bergland von Guyana

Feuerland

Der Regenwald am Amazonas

!

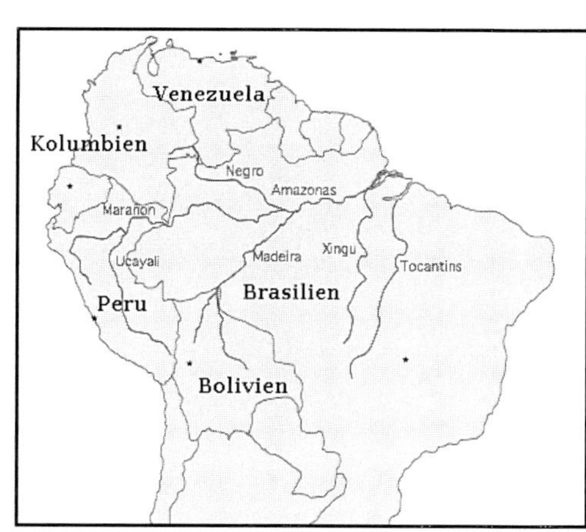

In Südamerika gibt es noch viele Nachfahren der Indianer. Manche dieser Indios leben im größten Urwald der Erde: dem Regenwald, der um den Amazonas liegt. Die Bäume und Pflanzen dieses Regenwaldes produzieren so viel Sauerstoff, dass das Gebiet auch „die grüne Lunge der Erde" genannt wird. Hier leben die Hälfte aller Tier- und Pflanzenarten die es auf der Welt gibt.

Doch jedes Jahr werden über 10 Millionen Hektar Wald vernichtet. Vor allem in armen Ländern werden Wälder durch Brandrodung und Kahlschlag in Agrar- und Weideland umgewandelt, um Soja, Palmöl oder Fleisch für den Export in Industrieländer zu gewinnen. Holz wird in großen Mengen für die Papierherstellung exportiert, Bodenschätze abgebaut.

Dazu beeinträchtigt der Bau von Straßen, Siedlungen und Stauseen den Wald. Auch der Klimawandel macht den Wäldern zu schaffen: Sie sind zunehmend Bränden, Dürren und Überflutungen ausgesetzt.

Wie ein Haus hat auch der Regenwald verschiedene Stockwerke:

- Der Waldboden ist der Keller. (Bodenschicht) Hier verarbeiten Pilze und Bakterien Blätter und Zweige zu neuen Nährstoffen.
- Im Erdgeschoss (Krautschicht) ist es sehr dunkel. Hier wachsen vor allem Farne und Moose.
- Im ersten Stock (Strauchschicht) wachsen kleinere, junge Bäume und Sträucher unter dem Kronendach.
- Den zweiten Stock bildet ein dichtes Kronendach, das nur wenig Licht nach unten dringen lässt. Hier gibt es Lianen und die meisten Tiere.
- Das oberste Stockwerk besteht aus einzelnen, riesigen Bäumen, den „Baumriesen".

<u>Aufgabe:</u>

a) *Welches Land Südamerikas hat den größten Anteil am Regenwald?*

b) *Warum wird so viel des Waldes abgeholzt?*

c) *Beschrifte das Bild mit den richtigen Namen der „Stockwerke".*

Kontinente an Stationen Grundschule – Bestell-Nr. 12 325
KOHL VERLAG

Der Regenwald am Amazonas

Lösungskarte

Aufgabe:

a) Den größten Anteil am Regenwald hat Brasilien. Weiter haben Peru und Kolumbien, Venezuela, Ecuador, Bolivien, Guyana, Suriname sowie Französisch-Guyana Gebiete im Regenwald.

b) Die Menschen wollen Acker- und Weideland gewinnen, um Plantagen und Viehzucht für den Export zu betreiben. Holz wird zur Papierherstellung gebraucht, Bodenschätze werden abgebaut. Dazu beeinträchtigt der Bau von Straßen, Siedlungen und Stauseen weltweit die Wälder.

c)

Interessante Orte in Südamerika ★

Aufgabe: *In den Texten fehlen so einige Wörter. Setze sie richtig ein.*

Chile – Urwald – Gebirge – Brasilien – Spanier – zweitgrößte – Argentinien – Jahrhundert – Wasser – Vulkane – Inkas – Wüsten – Christusstatue

Die **Anden** durchziehen als längstes ✎ ______________ der Welt den gesamten südamerikanischen Kontinent – von der Karibik bis Feuerland. Auf rund 7500 Kilometern wechseln sich viele Landschaften ab: 6000 m hohe Berge, brodelnde ______________, unfruchtbare Hochebenen und menschenleere ______________. Dazu besitzt die gesamte Andenregion aber riesige Vorkommen an Bodenschätzen. Der höchste Berg der Anden ist der 6962 m hohe Aconcagua. Er liegt in Argentinien an der Grenze zu ______________. Bekannte Vulkane sind der Cotopaxi und der Chimborazo.

Machu Picchu ist eine Ruinenstadt in Peru in den Anden. Die Inkas erbauten die Stadt im 15. ______________ in 2360 Metern Höhe. Sie besaß mehr als 200 Steinbauten, die durch Treppen verbunden waren. Mehr als 1 000 Menschen lebten dort. Als die ______________ um 1532 das Gebiet einnahmen, verließen die ______________ ihre Hauptstadt. Doch die Eroberer übersahen die Stadt, sodass sie nicht zerstört wurde, aber dafür im ______________ versank. Erst um 1911 begann man, sie zu erforschen.

Rio de Janeiro ist die bekannteste und ______________ Stadt Brasiliens. Die Statue Cristo Redentor (Christus der Erlöser) ist das Wahrzeichen der Stadt. Sie steht auf dem Berg Corcovado in 710 Metern Höhe und ist 38 Meter hoch. Im Sockel ist eine Kapelle untergebracht. Sie sollte ursprünglich zu Ehren der hundertjährigen Unabhängigkeit von ______________ errichtet werden, doch es dauerte 10 Jahre länger als geplant, bis 1931.

Der **Zuckerhut** ist ein 396 Meter hoher, steiler Berg auf der Halbinsel Urca. Er gilt neben der ______________ und dem Strand Copacabana als das Wahrzeichen von Rio de Janeiro. Bekannt wurde er erst 1912, als der erste Abschnitt der Seilbahn fertiggestellt wurde.

Iguazú-Wasserfälle. Iguazú heißt großes ______________: 20 große und 255 kleinere Wasserfälle machen das Naturwunder in Brasilien und ______________ aus. Die Garganta del Diablo (Teufels Kehle) mit seiner U-Form ist zweifellos das Highlight der Wasserfälle.

KOHL VERLAG
Kontinente an Stationen
Grundschule – Bestell-Nr. 12 325

Interessante Orte in Südamerika ★

Lösungskarte

Aufgabe:

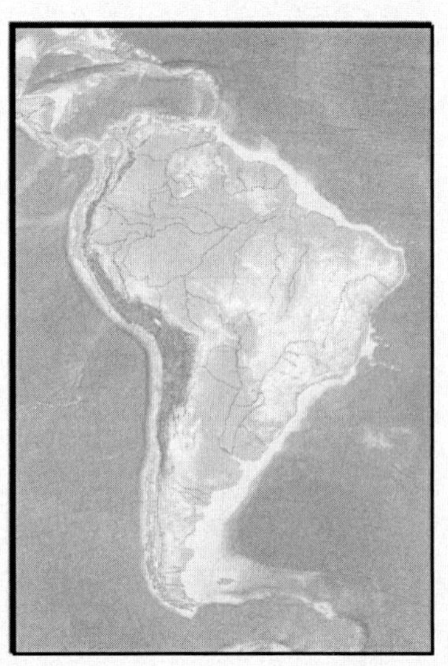

Die **Anden** durchziehen als längstes Gebirge der Welt den gesamten südamerikanischen Kontinent – von der Karibik bis Feuerland. Auf rund 7500 Kilometern wechseln sich viele Landschaften ab: 6000 m hohe Berge, brodelnde Vulkane, unfruchtbare Hochebenen und menschenleere Wüsten. Dazu besitzt die gesamte Andenregion aber riesige Vorkommen an Bodenschätzen. Der höchste Berg der Anden ist der 6962 m hohe Aconcagua. Er liegt in Argentinien an der Grenze zu Chile. Bekannte Vulkane sind der Cotopaxi und der Chimborazo.

Machu Picchu ist eine Ruinenstadt in Peru in den Anden. Die Inkas erbauten die Stadt im 15. Jahrhundert in 2360 Metern Höhe. Sie besaß mehr als 200 Steinbauten, die durch Treppen verbunden waren. Mehr als 1000 Menschen lebten dort. Als die Spanier um 1532 das Gebiet einnahmen, verließen die Inkas ihre Hauptstadt. Doch die Eroberer übersahen die Stadt, sodass sie nicht zerstört wurde, aber dafür im Urwald versank. Erst um 1911 begann man, sie zu erforschen.

Rio de Janeiro ist die bekannteste und zweitgrößte Stadt Brasiliens. Die Statue Cristo Redentor (Christus der Erlöser) ist das Wahrzeichen der Stadt. Sie steht auf dem Berg Corcovado in 710 Metern Höhe und ist 38 Meter hoch. Im Sockel ist eine Kapelle untergebracht. Sie sollte ursprünglich zu Ehren der hundertjährigen Unabhängigkeit von Brasilien errichtet werden, doch es dauerte 10 Jahre länger als geplant, bis 1931.

Der **Zuckerhut** ist ein 396 Meter hoher, steiler Berg auf der Halbinsel Urca. Er gilt neben der Christusstatue und dem Strand Copacabana als das Wahrzeichen von Rio de Janeiro. Bekannt wurde er erst 1912, als der erste Abschnitt der Seilbahn fertiggestellt wurde.

Iguazú-Wasserfälle. Iguazú heißt großes Wasser: 20 große und 255 kleinere Wasserfälle machen das Naturwunder in Brasilien und Argentinien aus. Die Garganta del Diablo (Teufels Kehle) mit seiner U-Form ist zweifellos das Highlight der Wasserfälle.

Die Tierwelt Südamerikas

__Aufgabe:__ *Schneide Bilder und Texte aus und klebe sie passend auf ein großes Blatt.*

1. Der **Ameisenbär** ist ein Säugetier und lebt in offenen Wäldern und Savannen. Er wird bis zu 210 cm lang und ernährt sich von Ameisen.

2. Auch **Puma** und **Jaguar** leben in Südamerika. Der Jaguar ist die größte Katze Amerikas.

3. **Faultiere** sind Säugetiere. Sie werden ca. 85 cm lang und schlafen bis zu 20 Stunden am Tag, das erklärt den Namen!

4. **Anakondas** gehören zu den größten Schlangen der Welt. Sie bewohnen die Tropen und können um die 5 m lang werden.

5. Die **Aras**, eine Papageienart, sind berühmt für ihr farbenfrohes Gefieder.

6. **Kolibris**, die kleinen Schwirrvögel, gibt es in über 100 Arten allein am Äquator. Weitere Arten sind bis nach Feuerland unterwegs.

7. **Alpakas** leben auch in den Anden und gehören, wie die Lamas, zu den Kamelen. Alpakas werden überwiegend wegen ihrer Wolle gezüchtet. Lamas sind in Südamerika Lastentiere und wiegen bis zu 160 kg. Dabei können sie 50 kg bis zu 50 km weit täglich tragen.

8. **Tukane** sind Vögel mit riesigen farbigen Schnäbeln. Sie leben hauptsächlich in den tropischen Gebieten.

9. Der **Andenkondor** kann bis in 8 000 m Höhe fliegen und hat eine Spannbreite von über 3 Metern. Er ist vom Aussterben bedroht.

10. Der größte Räuber im Amazonas ist der rosa **Süßwasser-Delfin.** Er vertilgt täglich 4 – 5 kg Fische.

11. Der **Kaiman** ist verwandt mit Krokodilen und Alligatoren. Er lebt hauptsächlich im Regenwald und wird bis zu 180 cm lang.

KOHL VERLAG Kontinente an Stationen Grundschule – Bestell-Nr. 12 325

Die Tierwelt Südamerikas

Lösungskarte

Aufgabe:

Andenkondor

Aras

Anakonda

Kaiman

Amazonas-Delfin

Faultier

Kolibri

Ameisenbär

Lamas und Alpakas

Tukan

Jaguar

Tipp: Erstellt eine Collage zur Tierwelt Südamerikas! Findet heraus, welche Tiere noch in Südamerika leben. Schneidet dazu eine große Form von Südamerika aus (Umriss auf große Pappe zeichnen). Dann sucht ihr Tierbilder, in Zeitungen, Zeitschriften und Internet. Klebt die Tierbilder auf euren Kontinent und beschriftet sie.

Was gehört zu Australien-Ozeanien?

Der kleinste und flachste Kontinent Australien liegt wie eine riesige Insel im Meer. Bis im 19. Jahrhundert die ersten Europäer kamen, lebten in Australien nur die Ureinwohner. Die Aborigines leben im Einklang mit der Natur und achten darauf, sie nicht zu zerstören. Viele Ureinwohner haben sich heute der modernen Gesellschaft angepasst.

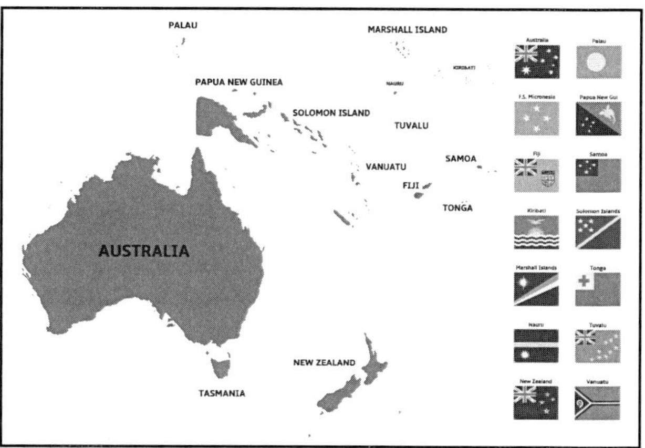

Zum Kontinent zählen wir auch Neuseeland und viele kleinere Inseln. Ozeanien nennt man die vielen Inseln im Pazifik. Über 7 500 Inseln gibt es, etwa 2 100 davon sind bewohnt. 16,5 Millionen Menschen leben auf den vielen Inseln. Australien, Neuseeland und die Inselwelt bilden Ozeanien. Dort leben rund 35 Mio. Einwohner.

Australien hat fast 24 Millionen Einwohner. Über 90 % der Bevölkerung lebt in Städten, vor allem an der Südostküste, auf Tasmanien und um Perth herum. Das Innere des Landes ist nahezu menschenleer. Die einzige Stadt, die sich mitten im Land befindet, ist Alice Springs. Die Hauptstadt Australiens ist Canberra, Sydney ist die größte Stadt.

Aufgabe:

a) *Nehmt einen Atlas oder eine Karte und tragt die vollständigen Städtenamen in der Zeichnung daneben ein.*

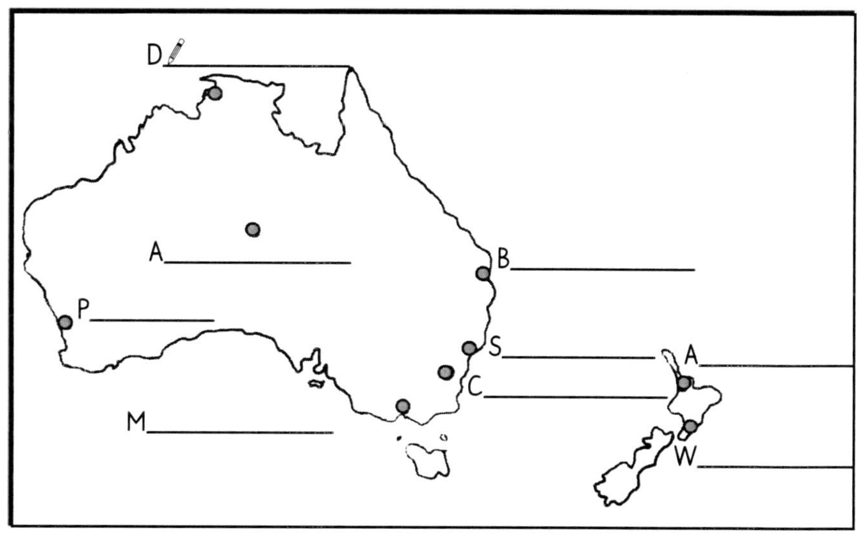

b) *Die Städte sind hier im Silbenchaos verborgen. Streiche alle durch, die du gefunden hast. Welches Wort bleibt übrig?*

ney – Alice – gu- – land – Can- – ling – Bris- – Dar- – Springs – Kän- – Perth – Syd- – berra – Auck- – bourne – ton – win – bane – Wel- – ru – Mel-

c) *Gestaltet aus schwarzem Tonpapier die Skyline von Sidney! Schneidet erst einzelne Teile aus, ordnet sie auf einem hellen Blatt an. Wenn es passt, klebt ihr die Teile auf.*

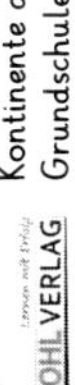

Kontinente an Stationen Grundschule – Bestell-Nr. 12 325
KOHL VERLAG

Was gehört zu Australien-Ozeanien?

Lösungskarte

Aufgabe: a)

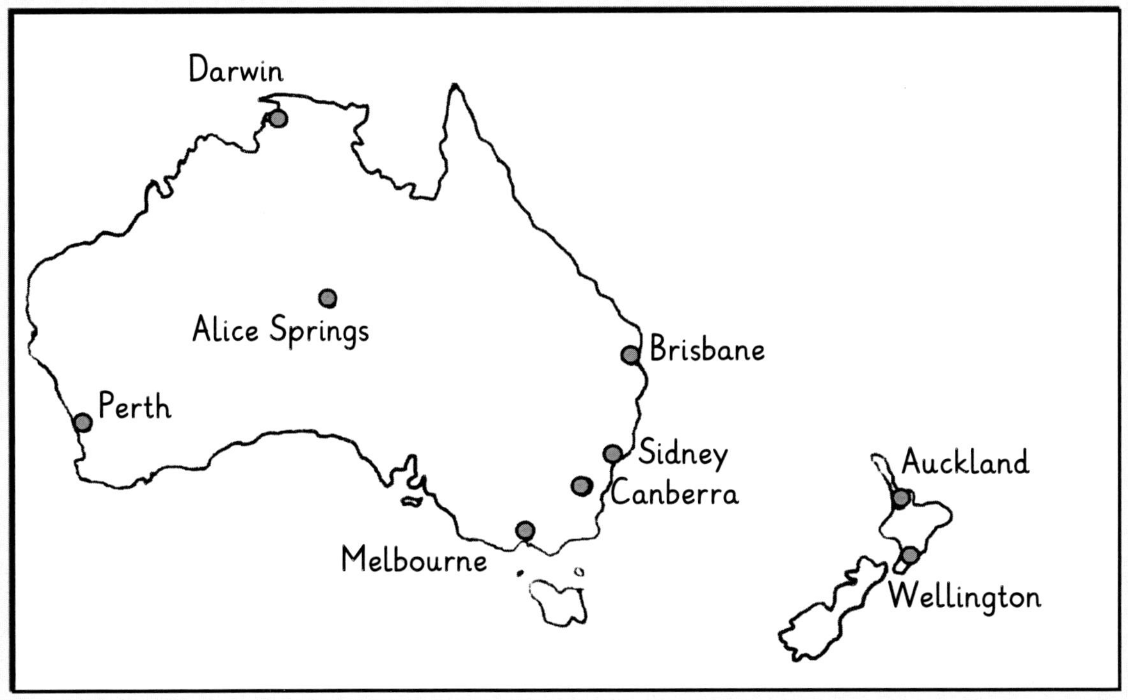

Aufgabe: b) Die Städte heißen:

Brisbane, Sydney, Canberra, Melbourne, Perth, Alice Springs, Darwin, Auckland, Wellington

Übrig bleibt das Wort Känguru.

c) Vorschlag:

Urbevölkerung und Sehenswertes

Die Aborigines

Die Ureinwohner Australiens werden Aborigines genannt. Es gab wohl mehrere hundert Volksstämme, als die weißen Siedler den Kontinent entdeckten. Sie hatten eine ganz eigene Kultur entwickelt und ernährten sich größtenteils als Jäger und Sammler. Über Jahrtausende hielten sie an dieser Lebensweise fest. Etwa drei Viertel der Aborigines leben heute in Städten. Sie haben sich weitgehend der modernen Lebensweise angepasst.

Die Maori

Als Maori werden die Ureinwohner Neuseelands bezeichnet. Bis zur Ankunft der Europäer waren sie Sammler, Jäger oder Fischer. Ab den 1780er Jahren trafen dann Maori auf europäische Robben- und Walfänger. Einige heuerten auch auf diesen Schiffen an. Die Maori sind berühmt für ihr Kunsthandwerk, besonders für Holzschnitzereien wie z. B. den Hei-Tiki. Er wird als Schmuck um den Hals getragen. Eine weitere Tradition der Maori ist die Tätowierung.

Ayers Rock – Uluru ist sicher der bekannteste Berg Australiens und zudem ein Wahrzeichen des Kontinents. Für die dort lebenden Aborigines war Uluru stets heilig. Seit 2019 haben sie durchgesetzt, dass er nicht mehr bestiegen werden darf.

Das **Great Barrier Reef** – Großes Barrierriff – liegt vor der Nordostküste Australiens. Es ist das größte Korallenriff der Erde und umfasst über 1000 Inseln. Im Jahr 1981 wurde es von der UNESCO zum Weltnaturerbe erklärt. Es wurde im Jahr 1770 vom britischen Seefahrer James Cook entdeckt. Dennoch ist das artenreiche Ökosystem bedroht. Hier leben u. a. Meeresschildkröten, Seekühe, verschiedene Wal-Arten und viele Haie.

Die **Osterinsel Rapa Nui** – Kein anderer Ort der Erde ist weiter von einem bewohnten Punkt entfernt als die kleine Insel, die zum 3700 km entfernten Chile gehört, aber in Ozeanien liegt. Die riesigen Moai sind Steinstatuen, von denen es mehrere Hundert gibt und deren Bedeutung bis heute nicht ganz geklärt ist. Sie wurden direkt aus dem Vulkangestein gehauen und an die Küste transportiert.

<u>**Aufgabe:**</u>

a) *Wie lebten die Aborigines bevor die weißen Siedler auftauchten?*

b) *Welche Traditionen pflegen die Maori?*

c) *Was stellt der Uluru dar?*

d) *Wie stellst du dir ein Korallenriff vor? Male es auf.*

e) *Was sind eigentlich Korallen?*

KOHL VERLAG Kontinente an Stationen Grundschule – Bestell-Nr. 12 325

Urbevölkerung und Sehenswertes

Lösungskarte

Aufgabe: a) Sie hatten eine eigene Kultur entwickelt und ernährten sich größtenteils als Jäger und Sammler. Auf Festen führten sie ihre traditionellen Tänze vor.

b) Die Maori sind berühmt für ihr Kunsthandwerk, besonders für Holzschnitzereien wie z. B. den Hei-Tiki. Eine weitere Tradition der Maori ist die Tätowierung. Hier siehst du Maori-Tänzer.

c) Ayers Rock oder der Uluru ist ein Symbol für Australien. Für die Aborigines ist der Uluru heilig.

d) Vorschlag: →

e) Alle Korallen gehören zu den Nesseltieren. Sie sitzen in Gruppen an einem festen Ort im Wasser, das nennt man „Kolonien". Die meisten Korallen leben im Meer. Am bekanntesten sind die Steinkorallen, die Korallenriffe bilden können. Aus roten Korallen wird Schmuck gefertigt.

Die ganz besondere Tierwelt

In Australien-Ozeanien gibt es eine Reihe ganz besonderer Tiere: Es gibt Tiere, die ihre Babys monatelang in einem Beutel mit sich herumtragen. Es gibt Vögel, die nicht fliegen können. Und es gibt Säugetiere, die Eier legen, was eigentlich ja nur Vögel tun. Die nennt man Kloakentiere.

Aufgabe: a) *Lotta hat die Tiere eingeordnet. Aber da stimmt wohl so manches nicht. Forscht nach.*

Lottas Einordnung:
Beuteltiere sind: Emu, Koala, Wombat, Tasmanischer Teufel
Vögel, die nicht fliegen können: Kiwi, Schnabeltier, Känguru
Kloakentiere: Ameisenigel, Wombat, Pinguin

b) *Schneidet die Kärtchen aus, klebt sie auf ein Blatt und beschriftet sie richtig.*

KOHL VERLAG Kontinente an Stationen Grundschule – Bestell-Nr. 12 325

Die ganz besondere Tierwelt

Kapitel 7 – Australien-Ozeanien

Lösungskarte

Aufgabe: a)

Känguru	 Koala	 Wombat
 Tasmanischer Teufel	 Kiwi	 Emu
 Pinguin	 Ameisenigel	 Schnabeltier

b) Die richtige Einordnung:
Beuteltiere sind: Känguru, Koala, Wombat, Tasmanischer Teufel
Vögel, die nicht fliegen können: Kiwi, Emu, Pinguin
Kloakentiere: Ameisenigel, Schnabeltier

Antarktis – der kälteste Kontinent

Die Antarktis liegt am Südpol und ist der kälteste aller Erdteile. Dort herrschen Temperaturen von durchschnittlich -50 Grad.

Bis zu vier Kilometer dicke Eisschichten überziehen fast die gesamte Antarktis. Nur ein ganz kleiner Teil der Oberfläche ist eisfrei. Deshalb leben hier – bis auf einige Wissenschaftler – auch keine Menschen. Es ist das Reich der Robben, Pinguine und Wale. Die Tiere der Antarktis ernähren sich hauptsächlich aus dem Meer, weil es kaum Pflanzen gibt.

Der längste Fluss ist mit 32 km der Onyx River. Er führt nur Wasser, wenn es im arktischen Sommer etwas wärmer wird. Der höchste Berg ist der Mount Vinson. Im Sommer leben etwa 3500 Menschen in der Antarktis. Richtige Städte gibt es in der Antarktis nicht. Die Menschen leben fast ausschließlich in Forschungsstationen. Die größte Station trägt den Namen Bellinghausen.

In den Polargebieten ist oft das gesamte Meer zugefroren. Dann gibt es für die meisten Schiffe kein Durchkommen mehr. Nur Eisbrecher mit gepanzerten Außenwänden und starken Motoren können sich einen Weg durch das Polarmeer bahnen. Das deutsche Schiff „Polarstern" ist ein solcher Eisbrecher.

Ein bis zwei Mal im Jahr startet die Polarstern in Richtung Eismeer. Das Schiff ist nicht nur Eisbrecher, sondern versorgt auch die deutsche Neumayer-Forschungsstation in der Antarktis mit Treibstoff, nötigen Geräten und natürlich jeder Menge Lebensmittel.

Weil in der Kälte der Antarktis die Abfälle überhaupt nicht verrotten würden, nimmt sie auf dem Rückweg auch gleich den ganzen Müll mit.

An Bord gibt es riesige Lager, eine große Küche, eine Wäscherei, Schlaf- und Aufenthaltsräume, einen Krankenbereich und eine Apotheke. Daneben sind die Arbeitsräume, die Labore, wichtig, damit die Wissenschaftler an Bord gleich Tiere und Wasserproben untersuchen können.

Aufgabe: *So ein Quatsch! Schreibe die falschen Sätze richtig in dein Heft.*

1. Im Sommer leben in der Antarktis um die 35000 Menschen.
2. Der längste Fluss misst 32 km und heißt Bären River.
3. Das Schiff „Polarsonne" bringt Müll in die Antarktis.
4. Die Neumayer-Forschungsstation gehört zu Amerika.
5. Die Antarktis liegt rund um den Nordpol.
6. Die Tiere dort ernähren sich überwiegend von Gras.

KOHL VERLAG Kontinente an Stationen Grundschule – Bestell-Nr. 12 325

Antarktis – der kälteste Kontinent

Lösungskarte

<u>Aufgabe</u>:

1. Im Sommer leben in der Antarktis um die 3 500 Menschen.
2. Der längste Fluss misst 32 km und heißt Onyx River.
3. Das Schiff „Polarstern" bringt Lebensmittel in die Antarktis.
4. Die Neumayer-Forschungsstation gehört zu Deutschland.
5. Die Antarktis liegt rund um den Südpol.
6. Die Tiere dort ernähren sich überwiegend aus dem Meer.

Tiere in der Antarktis !

Die meisten Pflanzen und Tiere trifft man nicht an Land, sondern im eisigen Meer der Antarktis an. Das kalte Polarmeer ist reich an Sauerstoff. Die warmen Meeresströmungen, die zum Südpol hinfließen, enthalten viele Mineralstoffe. Diese Mischung bildet die Nahrung für winzig kleine Pflanzen und Tiere, die man Plankton nennt. Das Plankton wiederum ergibt die Nahrung für die Bewohner der Eismeere. Dazu gehört auch der Krill. So ernähren sich viele Fischarten davon. Die Fische werden dann am Ende der Nahrungskette von den großen Meeressäugern – wie Robben, Walen und Delfinen – verspeist.

Pinguine

Pinguine leben nicht nur am Südpol, sie sind in allen Meeren der Südhalbkugel zu finden. Es gibt heute 17 verschiedene Pinguinarten. Auf dem antarktischen Festland brüten nur zwei davon: der kleine **Adéliepinguin** und der große **Kaiserpinguin**. Fliegen können Pinguine nicht, aber dafür ganz prima tauchen, schwimmen, auf dem Bauch rutschen und wandern. Pinguine fressen Fische und Krill.

Während sich Pinguine in den Meeren vor gefräßigen Seeleoparden und Schwertwalen in Acht nehmen müssen, haben sie an Land so gut wie keine natürlichen Feinde. Doch Klimaveränderung, Tourismus, Forschungsstationen, Überfischung und Meeresverschmutzung durch Öl bedrohen heute die Tiere.

Der **Seeleopard** verfolgt oft Robben und Pinguine. Manche Seeleoparden haben sich dabei auf die Robbenjagd spezialisiert, während andere lieber Pinguine jagen. Die Beutetiere werden im Wasser gepackt und getötet. Der Seeleopard lauert den Pinguinen meist im flachen Küstenwasser auf. Das wissen die Pinguine aber, und so gehen sie meist als große Gruppe ins Wasser. Bei der Rückkehr an Land schwimmen sie sehr schnell, um dann aus dem Wasser zu springen. Seeleoparden fressen aber auch Fische.

Der **Schwertwal**, auch Killerwal oder Orka genannt, lebt in großen Gruppen und folgt gemeinsam seiner Beute, den Robben. Das Wal-Baby bleibt mehrere Jahre lang bei seiner Mutter, wird gesäugt und lernt zu jagen. Auch nachdem es ausgewachsen ist, bleibt es in der Gruppe, wo es geboren wurde. Schwertwale erbeuten Fische, Robben und gelegentlich andere Wale.

__Aufgabe:__ *Erstellt zu den 4 Tieren einen Steckbrief. Dazu gehören Name, Größe, Gewicht, Lebensraum, Aussehen und Nahrung. Bilder und Infos gibt es im Internet.*

KOHL VERLAG Kontinente an Stationen Grundschule – Bestell-Nr. 12 325

Tiere in der Antarktis

!

Lösungskarte

Kaiserpinguin	Adéliepinguin
Größe: über 100 cm Gewicht: ca. 30 - 50 kg Alter: bis zu 20 Jahre: **Lebensraum** Auf und um den Antarktischen Kontinent **Aussehen** Der Kaiserpinguin ist der größte aller Pinguine. Er hat eine schwach-orange Färbung auf dem Hals. **Nahrung** Fische, auch mal Krill	Größe: ca. 55 cm Gewicht: ca. 4 - 5 kg Alter: ca. 10 Jahre **Lebensraum** Küsten der antarktischen und der umliegenden Inseln **Aussehen** Der Adéliepinguin hat einen schwarzen Kopf, weiße Ringe um die Augen und einen schwarzen Schnabel. **Nahrung** Kleine Fische und Krill

Seeleopard	Schwertwal
Größe: 3 - 4 m Gewicht: 270 - 400 kg Alter: bis zu 25 Jahre **Lebensraum** In den Meeren um die Antarktis und im Packeis **Aussehen** Er hat geflecktes Fell und einen schlanken Körper **Nahrung** Robben, Pinguine, Fische, Krill	Größe: 6 - 9 m Gewicht: ca. 3.000 - 6.000 kg Alter: 30 - 50 Jahre **Lebensraum** Weltweit in den Meeren **Aussehen** Schwarze Oberseite, weiße Bauchunterseite **Nahrung** Fische, Robben, Tintenfische und Seevögel